Les chemins de L'ÉVANGILE

Entretiens avec Marie-Léonie Paradis

Catalogage avant publication de Bibliothèque et Archives nationales du Québec
et Bibliothèque et Archives Canada

Marie-Léonie, mère, P.S.S.F., 1840-1912

Les chemins de l'Évangile : entretiens avec Marie-Léonie Paradis

Comprend des réf. bibliogr.

ISBN 978-2-89646-515-6

1. Marie-Léonie, mère, P.S.S.F., 1840-1912. 2. Petites sœurs de la Sainte-Famille - Biographies. 3. Religieuses - Québec (Province) - Biographies. I. Gauthier, Jacques, 1951- . II. Titre.

BX4398.Z8M37 2012 271'.97 C2012-941275-9

Dépôt légal – Bibliothèque et Archives nationales du Québec, 2012
Bibliothèque et Archives Canada, 2012

Révision : Josée Latulippe
Mise en pages et couverture : Mardigrafe inc.
Photo de la couverture et photos intérieures : © Les Petites Sœurs de la Sainte-Famille

Nous reconnaissons l'aide financière du gouvernement du Canada par l'entremise du Fonds du livre du Canada (FLC) pour des activités de développement de notre entreprise.

Cet ouvrage a été publié avec le soutien de la SODEC. Gouvernement du Québec – Programme de crédit d'impôt pour l'édition de livres – Gestion SODEC.

NOVALIS
4475, rue Frontenac, Montréal (Québec) H2H 2S2
C.P. 990, succursale Delorimier
Montréal (Québec) H2H 2T1
Téléphone : 514 278-3025 ou 1 800 668-2547
sac@novalis.ca • novalis.ca

Imprimé au Canada

Offert en version numérique
numérique
978-2-89646-851-5
novalis.ca

MIXTE
Papier issu de sources responsables
FSC
www.fsc.org
FSC® C107923

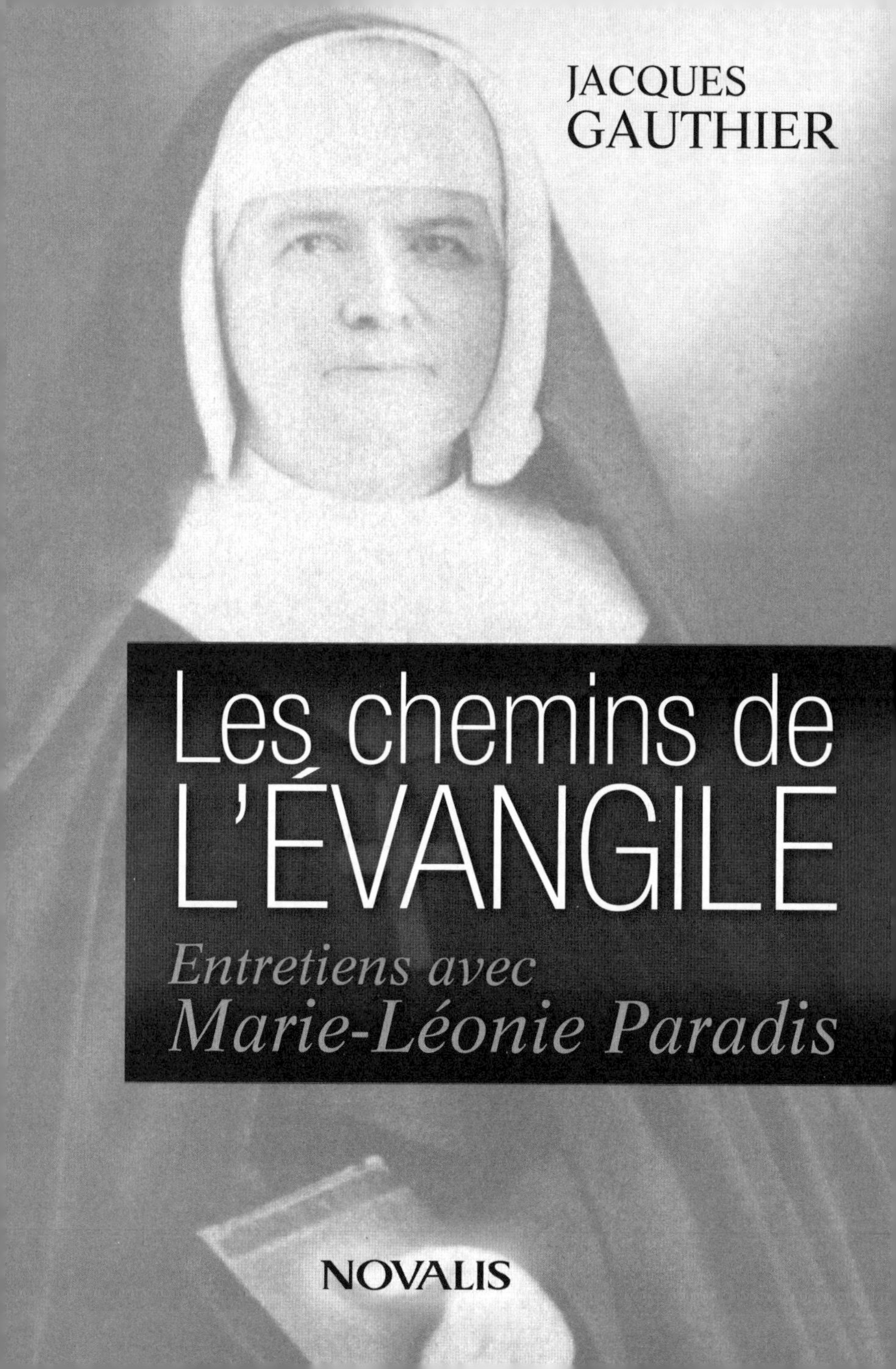

JACQUES
GAUTHIER

Les chemins de L'ÉVANGILE

Entretiens avec
Marie-Léonie Paradis

NOVALIS

Aux Petites Sœurs de la Sainte-Famille
qui servent par amour à la suite du Christ.

« Il faut nous redire sans nous lasser
que notre œuvre principale
c'est la charité. »

Mère Marie-Léonie

Introduction

Le 14 décembre 2011, fête de mon ami et poète saint Jean de la Croix, je reçois un courriel de sœur Rachel Lemieux, directrice du Centre Marie-Léonie Paradis à Sherbrooke. Elle a consulté mon site Web et aimerait bien que j'écrive un livre sur mère Marie-Léonie, fondatrice des Petites Sœurs de la Sainte-Famille. Elle m'écrit que sa communauté soutient spirituellement et matériellement le ministère des prêtres en exerçant le prophétisme de service. Leur charisme est : « L'incarnation et la manifestation du visage du Christ serviteur ». Elle me demande : « Auriez-vous le temps d'écrire une biographie et une présentation de la spiritualité selon ce charisme ci-haut mentionné? »

Écrire sur un témoin du Christ est toujours pour moi une grâce. J'ai souvent pris le temps de relever ce défi, car j'aime le Christ et ses amis. Mais suis-je la bonne personne pour un tel projet? Il n'y a pas de réponse magique à cette question, car on fait son chemin en le marchant. Sœur Rachel me rassure : « Vous êtes un laïc, vous aurez un langage que tout le monde comprend, adapté aux attentes des gens. » Elle veut que je montre au grand public les valeurs que mère Marie-Léonie a vécues au quotidien. Elle souhaite que ce nouveau livre paraisse pour l'événement de sa canonisation qui, espère-t-elle, approche. Elle ajoute que c'est sa supérieure générale, sœur Denise Pomerleau, qui lui a conseillé de me faire cette demande et qu'on me donne carte blanche.

Il est déjà difficile de résister à une demande d'une religieuse, alors imaginez si la supérieure générale s'en mêle ! Certes, j'ai déjà écrit sur des figures qui me fascinent : Patrice de La Tour du Pin, Jean de la Croix, Thérèse de Lisieux, mère Teresa, frère André et, plus récemment, saint Joseph et Kateri Tekakwitha. Mère Marie-Léonie me laisse indifférent, je ne la connais que très peu. Je me dis : « Voilà une bonne occasion pour la découvrir et m'en faire une amie. » Toutefois, il faut une étincelle pour que le feu prenne, pour que je sente le livre en moi, qu'il naisse de ma rêverie. Comme l'écrit Gaston Bachelard dans *La poétique de la rêverie* : « C'est toujours un dur métier que celui d'écrire un livre. On est toujours tenté de se borner à le rêver. »

De prime abord, le sujet ne m'enthousiasme pas tellement. Écrire sur une religieuse du XIXe siècle qui a fondé une communauté dont la mission se résume à servir les prêtres et les évêques, ce n'est pas très « gagnant », comme on dit aujourd'hui. Le peuple québécois, qui a tellement adulé son clergé, est devenu très frileux devant tout ce qui touche son passé religieux. Il a mal à son âme et il cherche son identité. Pourtant, comment savoir où l'on va, si on ne sait pas d'où l'on vient ?

On oublie aujourd'hui que l'Église canadienne est née et a grandi à l'ombre de grands témoins de l'Évangile qui ont tout donné à ce pays, dont plusieurs femmes comme Marie de l'Incarnation, Catherine de Saint-Augustin, Marguerite Bourgeoys et Marguerite d'Youville. Elles ont travaillé au plein épanouissement de ce coin de terre, l'ensemençant de leur amour du prochain, l'enracinant dans la foi au Christ. J'ai déjà présenté ces témoins dans le calendrier 2006 de la revue *L'Oratoire* à la date où ils sont fêtés au calendrier liturgique canadien. La bienheureuse Marie-Léonie est fêtée le 4 mai. Voici ce que j'écrivais :

> *Alodie Virginie Paradis est née le 12 mai 1840 dans le village de L'Acadie, au Québec. Elle entre à 14 ans chez les Sœurs Marianites de Sainte-Croix, dont le charisme est l'enseignement et le service des prêtres. Elle sera envoyée en mission aux États-Unis et au Nouveau-Brunswick. Elle fonde la communauté des Petites Sœurs de la Sainte-Famille. Mgr LaRocque les invite à Sherbrooke. Approuvée par Rome, la Congrégation va se développer, grâce surtout à la bonté maternelle et attentive de mère Marie-Léonie. Elle aurait fait plusieurs miracles de son vivant, dont des guérisons inexpliquées. Elle s'éteint paisiblement le 3 mai 1912, quelques jours avant ses 72 ans. Elle a été béatifiée à Montréal, le 11 septembre 1984, par Jean-Paul II.*

Comment présenter l'humble mission de cette femme et de sa communauté, en ces temps où le clergé est discrédité par tant de scandales et où l'Église catholique romaine est souvent dénigrée dans les médias ? Qui reconnaît aujourd'hui l'apport des communautés religieuses de jadis à notre développement culturel et spirituel ? Il me revient en mémoire le documentaire que Diane Létourneau a réalisé en 1978 sur la vie des Petites Sœurs de la Sainte-Famille : *Les servantes du Bon Dieu*. Le film a été sélectionné à Cannes dans la section « Semaine de la Critique ». On peut le visionner sur le site de la communauté [centremarie-leonieparadis.com], à l'onglet « Divers », ainsi que sur YouTube. On retrouve également sur le site du patrimoine immatériel religieux du Québec [ipir.ulaval.ca] plus d'une vingtaine de fiches, réalisées en 2009, sur les Petites Sœurs de la Sainte-Famille. Ce patrimoine concerne les traditions et les pratiques religieuses collectives, la mémoire orale et les pratiques sociales des communautés religieuses et des fidèles.

En 1976, j'ai côtoyé des Petites Sœurs de la Sainte-Famille qui travaillaient au pavillon des Assomptionnistes à Cap-Rouge, près de Québec. Je terminais mes études collégiales au Séminaire Saint-Augustin. Je les revois, joyeuses et accueillantes, vêtues de leur sobre costume blanc. J'avais été touché par leur esprit de prière et d'humilité. Elles aimaient Jésus, Marie et Joseph avec beaucoup de simplicité et d'authenticité. Plus tard, j'ai rencontré d'autres Petites Sœurs qui œuvraient au Séminaire Saint-Paul d'Ottawa, adjacent à l'Université Saint-Paul où j'enseignais. Je retrouvais le même esprit de service qui jaillissait de l'Évangile et que la scène du lavement des pieds illustre à merveille. Devenues trop âgées, elles sont retournées à leur maison générale de Sherbrooke, pour rendre de petits services et pour mourir en paix.

J'avais donc tissé des liens avec cette communauté sans connaître sa fondatrice, qu'on surnommait la « mère de toutes nécessités ». Celle-ci m'a fait signe à sa manière, le lendemain de la demande de sœur Rachel. Je faisais, comme chaque matin, mon temps d'oraison silencieuse.

Je me suis mis à penser à mère Marie-Léonie comme si elle était vivante, près de moi. Une paix m'a envahi. Ce n'était pas une simple distraction, mais un élan d'amour. Les amis du Christ se communiquent souvent cet amour entre eux dans l'Esprit Saint. C'est aussi cela, l'Église, ce mystère de la communion des saints. Mère Marie-Léonie mettait le feu à mon cœur, qui brûlait au même foyer que le sien. L'étincelle était là, le livre pouvait naître. J'ai accepté dans la foi, sans trop savoir dans quoi je m'embarquais.

Rapidement, sœur Rachel m'a envoyé une boîte de livres et de documents sur sa fondatrice. L'année 2012 marque le centenaire de son entrée dans la maison du Père, une raison de plus pour souligner l'événement en écrivant ce livre. Mais que pourrais-je ajouter à ce que les autres ont écrit ? « Tout a été dit, mais pas par moi », affirmait un jour Gilles Vigneault. À chacun sa musique. La boîte contenait surtout des livres provenant de milieux ecclésiastiques : des biographies de mère Marie-Léonie écrites par l'oblat Eugène Nadeau et par Mgr Cimichella, l'étude du dominicain Marie-Gabriel Perras et celle, plus symphonique, de l'abbé Gilles Mathieu. Il y avait aussi une bande dessinée, un document sur sa béatification, un calendrier et un recueil de pensées pour chaque jour, soulignant le 100e anniversaire de son décès. Bref, de quoi « m'amuser » pendant quelques semaines, dans l'espoir de trouver ma propre musique pour mieux chanter l'expérience spirituelle de celle que Jean-Paul II a qualifiée d'« humble parmi les humbles ».

Comment m'y prendre pour saisir la mélodie de sa vie donnée et de son message d'amour? Une fois de plus, mon oraison matinale m'a inspiré le rythme à suivre. Je me suis rappelé qu'il y a une dizaine d'années j'avais proposé une longue conversation amicale avec Thérèse de Lisieux sous forme de dialogues : *Entretiens avec Thérèse de Lisieux* (Novalis/Bayard). Dans ce livre, je posais des questions à Thérèse, elle me « répondait » à partir de ses écrits et de ses paroles. Le ton était spontané, le style, direct. Le genre littéraire « entretiens » permet cette proximité et cette complicité dans la relation. Je n'avais qu'à faire un peu la même chose avec mère Marie-Léonie. D'autant plus qu'il existe plusieurs affinités entre les deux femmes, par exemple leur vocation de prier pour les prêtres, en empruntant une petite voie de confiance et d'abandon filial au Père. Comme Thérèse, Marie-Léonie n'a pas composé de traités sur la vie spirituelle ni d'enseignements savants, mais elle a écrit des centaines de lettres et des textes divers pour mieux toucher les cœurs. Les archives de la communauté en ont conservé 1 975, réunies en 10 volumes de correspondance, soit près de 6 000 pages de texte. La vie de ces deux femmes de cœur était leur message, et leur message reflétait leur vie.

Je vais donc donner la parole à mère Marie-Léonie, qui répondra à mes questions. Je puiserai surtout dans sa volumineuse correspondance et dans les témoignages laissés par les personnes qui l'ont côtoyée. Je ne serai pas toujours fidèle à la lettre exacte de ses textes, mais plutôt à son esprit. L'objectif de ce livre est le même que celui sur la petite Thérèse : favoriser une rencontre personnelle avec Marie-Léonie, un contact intime avec son cœur, pour mieux la connaître de l'intérieur. La future sainte me conduira elle-même sur ses chemins de vie et d'Évangile, qui vont de la terre au ciel. Elle parlera à sa manière de son enfance à L'Acadie, de sa jeunesse chez les Marianites de Saint-Laurent, de ses années en Indiana, de la fondation de l'ouvroir à Memramcook et des Petites Sœurs à Sherbrooke, des années fécondes avec ses filles, de ses dernières années à l'école des saints.

En visionnaire de l'invisible, mère Marie-Léonie voyait Dieu partout, surtout au cœur des épreuves, qui la recentraient sur sa mission profonde. Son regard de foi l'a guidée sur des chemins qui la délestaient du superficiel pour la conduire à l'essentiel du don d'elle-même, là où l'« on ne voit bien qu'avec le cœur », comme le disait le renard au Petit Prince. Marie-Léonie rendait la dignité à toutes les personnes qu'elle rencontrait. En empruntant ses chemins humains, nous croiserons les chemins de Dieu et de l'Évangile. C'est en partant de sa vie que Marie-Léonie témoignera de sa foi et de son amour de Dieu. Elle désirait plus que tout « se consumer dans l'amour de Dieu et faire toutes choses pour son amour ».

Nous découvrirons dans ces entretiens la foi de Marie-Léonie en la Trinité et en la Sainte Famille. Cette foi simple et profonde l'a amenée à suivre avec joie les chemins de la bonté, de l'humilité et de la prière. Nous constaterons comment elle voyait Dieu et comment elle le priait, comment elle traversait les épreuves avec le Christ pour mieux aimer les petits, aider les prêtres, encourager ses filles en religion. Elle nous parlera surtout de valeurs et d'attitudes qui sont encore actuelles dans notre monde en quête de sens : l'accueil, la bonté, la confiance, l'humilité, le partage, le service, la simplicité. Ces vertus l'ont transformée en amoureuse du Christ et en femme sacerdotale portant le monde. Elle écrivait à ses filles : « Redoublez de courage et de générosité au service de Dieu dans la personne de ses ministres et dans leurs œuvres ! » C'était sa manière de vivre son sacerdoce baptismal, aussi appelé « sacerdoce commun des fidèles », que le concile Vatican II mettra en lumière cinquante ans après sa mort.

Voici un bref énoncé de la spiritualité des Petites Sœurs, dont la devise est « Piété et Dévouement », et que l'on retrouve dans leurs Constitutions de 2009 :

> *Toute notre vie s'écoule dans une perpétuelle action de grâce, dans la paix et la disponibilité d'un cœur pauvre qui aime et goûte Dieu, en le servant dans la joie et dans l'espérance qui ne trompe pas. Notre spiritualité, imprégnée d'abandon filial au Père, est orientée vers sa gloire, le salut de l'humanité et le soutien du sacerdoce ministériel, selon l'esprit de mère Marie-Léonie (C21).*

La vie polyphonique de Marie-Léonie a été un mini-Évangile, une œuvre d'amour à la suite du Christ. Elle s'est laissée configurer au Christ serviteur, pour mieux participer à sa vie et à sa mission. Elle fait partie de la symphonie des saints que le monde peut entendre en s'ouvrant à l'harmonie du cœur. La fondatrice des Petites Sœurs de la Sainte-Famille est toujours vivante, et nous pouvons la prier en toute confiance. Nombreuses sont les personnes qui ont reçu de grandes faveurs par son intercession. L'Église nous propose d'ailleurs cette prière d'ouverture pour sa fête liturgique du 4 mai :

Dieu, qui as fait de la bienheureuse Marie-Léonie un modèle admirable d'humilité, de charité et de dévouement au service des ministres de ton Église, accorde-nous d'imiter ses vertus en puisant comme elle en Jésus, Prêtre éternel et Pain de vie, la force de suivre le chemin de l'Évangile. Par Jésus Christ, ton Fils, notre Seigneur et notre Dieu, qui règne avec toi et le Saint-Esprit, maintenant et pour les siècles de siècles. Amen.

Les chemins de l'enfance

Et le Verbe s'est fait chair, il a habité parmi nous, et nous avons vu sa gloire, la gloire qu'il tient de son Père comme Fils unique, plein de grâce et de vérité (Jean 1, 14).

Depuis le premier Noël, on peut dire que Dieu a chaussé nos souliers en son Fils. Il s'est fait l'un de nous en prenant notre condition humaine, en vivant avec Marie et Joseph à Nazareth. Désormais, nous croisons les chemins de Dieu en empruntant ceux de ses amis, comme vous, mère Marie-Léonie, qui avez marché avec amour à la suite du Christ, dans la simplicité du quotidien. Parlez-nous de votre enfance, de vos premiers pas sur les chemins de Dieu.

Je suis née le 12 mai 1840 dans le petit village de L'Acadie, près de Saint-Jean, au Québec. Le village fut nommé ainsi en mémoire des Acadiens venus s'y installer après les colons français. J'ai été baptisée le jour même de ma naissance en l'église paroissiale de L'Acadie, dédiée à sainte Marguerite d'Écosse.

Quel était votre nom ?

Alodie-Virginie Paradis, mais on m'appellera toujours Élodie. Plus tard, ce sera sœur Léonie, sœur Marie-Léonie, mère Léonie, mère fondatrice, mais appelez-moi simplement mère Marie-Léonie.

Alodie-Virginie Paradis, appelée Élodie (1844)

Que faisait votre père ?

Mon père, Joseph Paradis, était cultivateur-meunier. Il faisait partie d'une famille de 16 enfants, de L'Acadie. Il a épousé ma mère, Émilie Grégoire, en octobre 1837. Celle-ci venait de Saint-Cyprien de Napierville.

Vos parents étaient des descendants de vieilles familles françaises venues s'établir en Nouvelle-France au XVIIe siècle. On retrouve dans la lignée de votre père les noms de Mgr Bourget, le deuxième évêque de Montréal, chef de file du catholicisme canadien entre 1840 et 1870, et du cardinal Bégin, archevêque de Québec. Dans la lignée de votre mère, on voit les noms de Jeanne Le Ber, recluse de Ville-Marie, de Mgr Provencher, archevêque de Saint-Boniface (Manitoba), de Mgr X. Bernard, évêque de Saint-Hyacinthe, et de Sir Louis-Hippolyte Lafontaine. On peut dire qu'il y avait du bon monde dans votre famille !

Je retiens surtout que papa et maman étaient des chrétiens profondément croyants. Mon père était doux et affable, un être tendre et grandement affectueux, estimé de tout le monde. Il mourra en 1871, alors que je serai en Indiana. Ma mère complétait bien son mari. Femme courte et grassette, énergique et très gaie, elle était pieuse et charitable. Je dirais que c'était une vraie petite grande dame. Elle va s'occuper de mon éducation religieuse et civique. Plus tard, elle viendra habiter avec moi dans notre couvent de Memramcook, pour y mourir en 1893. Je serai moi aussi de petite taille et d'une tenue aussi digne que ma mère.

Combien d'enfants vos parents auront-ils ?

Six, dont deux mourront en bas âge. Je suis leur troisième enfant et leur seule fille. J'ai trois frères : Joseph-Édouard, instituteur, Émilien, avocat et juge, et Vital, qui deviendra négociant.

Quels traits de caractère avez-vous hérités de vos parents ?

Je pense que j'ai hérité de mon père la tendresse, la douceur et cette bonté qui a tant frappé mes contemporains. De ma mère, j'ai surtout reçu la fermeté dont elle a toujours fait preuve face au devoir. Cette force morale, teintée de foi et de charité, m'aidera à surmonter d'innombrables obstacles tout au long de ma vie. Je suis très reconnaissante au Seigneur de m'avoir donné des parents qui m'ont formée dans la pratique de la prière et des vertus. Ce foyer chrétien qui m'a éduquée a été la première source de germination de ma vocation religieuse.

Avez-vous toujours demeuré à L'Acadie ?

Non. J'ai connu mon premier déménagement dès l'âge de cinq ans, quand papa s'est installé au rang dit « de La Tortue », à Saint-Philippe de Laprairie. Il avait loué un moulin désaffecté pour subvenir aux besoins de sa famille. La maison en brique rouge avoisinant le moulin a donc été mon deuxième foyer.

Laprairie… Cela me fait penser à la bienheureuse Kateri Tekakwitha, qui a fini ses jours tout près de ce village, cent cinquante ans plus tôt. Elle sera la première autochtone d'Amérique du Nord à être canonisée. Mais revenons à vous, Élodie. Que retenez-vous de cette période au moulin ?

Papa travaillait fort et maman préparait de bons repas, non seulement pour ses enfants, mais pour des clients venus de loin. J'ai appris à donner en la regardant. Cela me servait de leçon. Plus tard, j'écrirai à mes sœurs : « Nous devons avoir un dévouement égal à celui de nos mères, qui ont eu bien de la peine pour élever leur famille. Que de nuits blanches elles ont passées au chevet de leurs enfants ! Et, le lendemain, elles ne pouvaient se reposer, car il leur fallait répondre aux besoins de la famille ; les repas, les enfants à préparer pour l'école, etc. Ah ! Mes chères petites sœurs, comme nous devons être généreuses au service de Dieu ! »

Étiez-vous une petite fille pieuse ?

J'étais très pieuse, et ma mère cultivait cette qualité chez moi. Elle me disait souvent : « Tu sais ton *Je vous salue Marie*, Élodie. Va parler à la Sainte Vierge pour maman. »

Votre mère était pédagogue. C'était une manière de vous apprendre à prier en vous demandant de prier pour elle.

J'aimais déjà prier. Lorsque maman perdait un objet ou sentait le besoin d'un secours particulier d'en-Haut, elle me demandait de monter à ma chambre et de prier la Sainte Vierge ou saint Antoine. Je le faisais bien volontiers : à genoux, les mains jointes, je priais avec ferveur. Mais après un certain temps, j'interrompais ma supplique pour crier à maman, par l'ouverture du tuyau : « Maman, l'avez-vous trouvé, votre dé? » ou encore : « L'avez-vous obtenue, votre grâce? » Parfois, elle me répondait : « Pas encore, ma petite, continue de prier. » D'autres fois : « Oui, je l'ai trouvé, tu peux descendre... » J'avais vite fait de dégringoler les marches. Ma confiance était illimitée envers Marie, elle a un pouvoir si grand sur le cœur de son divin Fils!

Et puis vint le temps de vous envoyer à l'école.

Oui, vers l'âge de huit ans. Maman, malgré les réticences de papa, m'a envoyée au couvent des Sœurs de la Congrégation de Notre-Dame, à Laprairie. Elle voulait donner une touche féminine à mon éducation, me soustrayant ainsi aux amusements masculins de mes frères. C'est ainsi que je suis devenue pensionnaire au couvent.

Vous êtes-vous ennuyée?

Oui, beaucoup. Nous étions une famille très unie. Et je pense que papa s'ennuyait autant que moi. Il trouvait que le pensionnat était trop dur et prématuré pour son unique fille. J'aimais tellement la vie en pleine nature, qui orientait sensiblement mon âme vers Dieu! Que de fois, voyant mon ennui, ne m'a-t-il pas ramenée à la maison!

Que faisait alors votre mère ?

Elle me faisait toujours bon accueil. Si j'arrivais vers l'heure du dîner, elle me servait copieusement et tout maternellement ; mais une fois le repas terminé, elle venait elle-même me reconduire au couvent. Si parfois j'arrivais le soir, toujours maman se montrait heureuse de revoir sa petite fille. Je prenais le souper en famille et passais la nuit à la maison. Mais le matin venu, maman me raccompagnait au couvent.

Tout cela n'était-il pas souffrant ?

Bien sûr, aussi j'ai fini par comprendre. Quand papa a voulu me ramener de nouveau à la maison, je lui ai dit que j'aimais autant ne plus y aller, puisque maman allait encore venir me reconduire. Je me suis ainsi éloignée du monde. L'ennui s'est passé, et j'ai appris à aimer mon couvent, avec la grâce de Dieu. Mais cela n'a pas duré longtemps, car papa, à court d'argent, a décidé de s'exiler en Californie, dans l'espoir d'y faire fortune avec les chercheurs d'or. La famille a alors dû déménager chez le grand-père maternel, à Napierville. J'ai quitté le pensionnat du couvent de Laprairie pour fréquenter l'école du village de Napierville.

Comment cela s'est-il passé ?

Pas très bien. À la maison familiale, j'avais goûté à l'amour chaleureux de mes parents envers les autres ; chez mon grand-père maternel, l'expérience a été tout autre.

Ma grand-mère Grégoire était distante et froide. J'enfilais son aiguille en tremblant, lorsqu'elle me demandait ce service. De plus, elle était très économe et souvent, le soir, elle éteignait la chandelle assez tôt. Comme j'aimais le travail à l'aiguille, il me fallait alors broder à la clarté de la cheminée. Un soir que je m'étais attardée à un petit travail à mon goût, j'ai eu faim. Je suis allée à la huche, où grand-mère, au cours de la journée, avait mis du pain frais. De mes petits doigts d'enfant, j'ai déchiré la croûte et me suis rassasiée de la mie toute fraîche. Je suis ensuite montée me coucher, laissant soupçonner ce que l'on voudrait… Lorsque, le lendemain, au déjeuner, grand-mère a ouvert sa huche, elle a aperçu un trou d'une bonne grosseur dans son pain et s'en est montrée fort mécontente. Elle n'a pas ménagé ses invectives contre les souris, qu'elle accusait d'être les auteures du larcin. J'ai alors jeté un regard suppliant sur grand-père, qui a vite compris ce qui en était. Il s'est empressé d'entrer dans les idées de sa femme et l'a assurée qu'il lui achèterait sans tarder de bonnes souricières pour capturer ces voleuses de mie de pain. Et tout est rentré dans l'ordre…

N'est-ce pas à ce moment-là qu'on vous préparait pour votre première communion? Du pain de la table, vous passiez à une autre faim, celle du Pain de Vie.

Le 11 juillet 1849, j'avais reçu le sacrement de la confirmation à mon église paroissiale de Sainte-Marguerite de L'Acadie. Quelques mois plus tard, je me suis préparée à ma première communion. Comme l'église était éloignée de la maison, j'apportais mon repas du midi. On a remarqué que je m'absentais à certains repas. Ces jours-là, je donnais mon sac de victuailles à de petites pauvres et je passais le temps du repas à l'église, devant le Saint-Sacrement. Dieu-Eucharistie m'attirait. J'avais soif de ce Dieu si intime à mon âme. J'ai enfin fait ma première communion au printemps de 1850, dans l'église de Saint-Cyprien de Napierville.

Ce qui s'est passé lors de votre première communion annonçait déjà ce qui allait être le cœur de votre vie : un grand amour de l'eucharistie et des pauvres. Nous y reviendrons plus loin. Qu'est-il arrivé après votre première communion ?

Maman m'a ramenée au pensionnat des filles de Marguerite Bourgeoys de Laprairie. J'éprouvais pour ses éducatrices un profond attachement. Elles m'ont ouvert l'esprit aux beautés de la science, et le cœur, à l'amour de la vertu. Par elles et par mes parents, Dieu a été à l'œuvre dès l'aube de ma vie. Il a préparé mon cœur à une mission que je découvrirai plus tard. J'ai gardé jusqu'à mes dernières années, à la tête de mon lit, l'image-souvenir qui me rappelait les grandes dates de ma vie : baptême, confirmation et première communion.

Les chemins de la jeunesse

Élodie, vous avez douze ans, et la semence de la vocation religieuse continue à germer spontanément en vous. Mais votre père, parti pour la Californie en 1849, tarde à rentrer. La famille revient donc en 1852 au rang de La Tortue, à Saint-Philippe de Laprairie. Inquiète de ne recevoir aucune nouvelle de son époux, votre mère décide de faire un pèlerinage à pied à Sainte-Anne de Varennes, un voyage de 50 kilomètres.

Ce pèlerinage a eu lieu en juillet 1852. Ma mère était accompagnée de mon frère aîné, Joseph-Édouard, et d'un jeune voisin, Camille Lefebvre, qui avait neuf ans de plus que moi. Orphelin de père, il avait même été, pour un certain temps, le seul soutien de sa vieille mère infirme. Il fréquentait souvent notre famille. Il était pieux, attiré par le sacerdoce. Il s'était débrouillé pour faire les études de base, mais l'argent lui manquait pour entreprendre des études supérieures. Il a accompagné ma mère dans son pèlerinage, afin de prier sainte Anne pour sa vocation.

Ce pèlerinage au sanctuaire de Varennes allait-il être fécond ?

Beaucoup. D'abord, pour les deux jeunes qui accompagnaient ma mère. À leur retour du sanctuaire, ils se sont arrêtés dans une auberge. Et c'est là qu'un numéro du journal *La Minerve* est tombé sous les yeux de Camille Lefebvre. Il y a lu que les Pères de Sainte-Croix, accueillis au pays par Mgr Bourget en 1847, étaient prêts à enseigner la philosophie et la théologie à de jeunes gens, en échange de quelques heures d'enseignement par jour dans leur collège de Saint-Laurent. Cette nouvelle a été pour lui et pour mon frère une réponse directe de sainte Anne à leurs prières. Les deux jeunes hommes sont donc allés offrir leurs services comme instituteurs-étudiants chez les Pères de Sainte-Croix et ont été acceptés. Camille deviendra père de Sainte-Croix et Joseph-Édouard, professeur. Mais sainte Anne a aussi exaucé ma mère. En rentrant à la maison, celle-ci a trouvé une lettre de mon père, avec un chèque substantiel.

On verra que ce pèlerinage aura également d'autres répercussions. C'est au contact de la vocation religieuse et sacerdotale de Camille Lefebvre que votre vocation va s'épanouir.

C'est vrai. Camille, qui était de passage à la maison en janvier 1854, m'a appris que la communauté de Sainte-Croix comprenait non seulement des pères et des frères, mais également des religieuses. Ces dernières se dévouaient à l'enseignement de la jeunesse et aussi, à cette époque, au service domestique des établissements des pères et des frères. En apprenant cette nouvelle, j'ai senti l'appel à cette forme de vie religieuse.

Vous étiez jeune, pourtant, treize ans et quelques mois...

Il faut dire que, durant une grave maladie, j'avais fait la promesse à Dieu de me faire religieuse si je recouvrais la santé. Comme mon père était toujours en Californie, j'ai demandé à ma mère la permission d'entrer chez les Marianites de Sainte-Croix, qui étaient présentes au Canada depuis sept ans. Elle y a consenti dans la foi. Le 21 février 1854, elle m'a conduite au parloir de la communauté à Saint-Laurent, près de Montréal. J'ai été accueillie par mère Marie-des-Sept-Douleurs, fondatrice de la branche féminine de Sainte-Croix. J'ai commencé ce jour-là mon postulat.

Et votre père n'en savait rien?

Revenu de Californie, il a appris que j'étais entrée au couvent sans sa permission. Désemparé et croyant que j'étais malheureuse, il a alors tenté de me ramener à la maison. Déterminée à persévérer dans ma vocation, je suis allée me jeter aux pieds de la Sainte Vierge, la suppliant de me faire mourir plutôt que de quitter la vie religieuse. Ma prière était à peine terminée qu'un flot de sang m'a monté à la gorge, à la suite d'une hémorragie pulmonaire. Y voyant une intervention du ciel, papa a renoncé à son projet, malgré son ennui. Il est rentré seul à Saint-Philippe de Laprairie.

On peut dire que vous tenez votre bout.

Lorsque je me charge d'une chose, la mort seule peut m'empêcher de faire l'impossible pour l'amener à bonne fin.

Avez-vous tout de suite revêtu l'habit des Marianites ?

Non, j'étais trop jeune. J'ai dû attendre une année de plus, soit le 19 février 1855, pour revêtir le voile blanc des novices. J'ai pris le nom de sœur Marie-de-Sainte-Léonie. J'ai vécu mon temps de postulat et de noviciat avec générosité et piété. J'avais une âme énergique, désirant plus que tout faire la volonté de Dieu et aimer Jésus. Tout ce que j'avais, tout ce que j'étais, toute mon existence, c'est à Dieu que je le devais.

Votre cœur ne battait déjà que pour l'amour de Dieu.

Mon cœur, Dieu l'a fait si sensible et si aimant ! Je priais ainsi : « Ô mon Dieu ! Que ma langue s'attache à mon palais si je dois passer un seul jour sans vous bénir ; assez longtemps j'ai méconnu vos bienfaits et la noble fin pour laquelle vous m'avez créée ! C'en est fait, ô mon Dieu ! Je veux être à vous et à vous pour toujours ; je vous consacre mon âme avec toutes ses puissances, mon cœur avec toutes ses affections, mon corps avec tous ses sens, je ne veux plus vivre, je ne veux plus respirer que par votre amour et pour votre gloire. »

Tout semble radieux, et le jour de la profession religieuse approche. Pourtant, deux obstacles se dressent devant vous.

Mon piètre état de santé et mon jeune âge. Le Conseil de la communauté a refusé de m'admettre aux vœux.

Le saint frère André avait lui aussi été refusé dans la Congrégation de Sainte-Croix à cause d'une santé chancelante. Abattu, mais non vaincu, il s'était audacieusement entretenu avec Mgr Ignace Bourget. Celui-ci s'était laissé convaincre par la force tranquille du petit portier et il lui avait assuré que la communauté le garderait. Un peu plus tard, le maître des novices déclarerait aux supérieurs : « Si ce jeune homme devient incapable de travailler, il saura du moins très bien prier. » On avait dit cela aussi de sa contemporaine, Bernadette Soubirous, lorsqu'elle était sœur de la Charité de Nevers. Ces deux-là apparaissaient très simples, sans formation, mais leur renommée a été soudaine. Ils seront à l'origine de deux grands centres de pèlerinage. Le frère André prononcera ses vœux perpétuels le 2 février 1874, à l'âge de vingt-huit ans. On connaît la suite.

La puissance divine se manifeste à travers notre faiblesse. Et il y a les amis de Dieu. Si j'ai pu prononcer mes vœux le 22 août 1857, à l'âge de dix-sept ans, c'est grâce à l'intervention personnelle du fondateur de Sainte-Croix, le bon père Basile Moreau, qui était alors de passage au Canada. En août 1857, il est venu faire la visite canonique de ses religieux, au couvent de Saint-Laurent.

Comment avez-vous fait ?

Comme toujours, je me suis d'abord tournée vers Dieu, l'implorant pour ma cause. Mais je me suis aussi tournée vers la terre, en misant sur la présence providentielle du père Moreau. Une sœur ancienne m'a glissé à l'oreille : « Allez le voir avec confiance, allez, notre père fondateur ne sait pas résister aux larmes. » Je l'ai écoutée et suis allée le rencontrer. Après avoir bien pleuré, j'ai enfin obtenu du père Moreau l'autorisation d'émettre mes vœux, avec deux autres religieuses. J'étais tellement heureuse que j'ai promis de ne jamais me plaindre et de me dévouer sans compter aux œuvres que l'autorité voudrait bien me confier, que je sois malade ou en santé. Et c'est ce que j'ai fait. Jamais je ne pourrai rendre le bonheur que j'ai éprouvé ce jour-là.

Des charges assez importantes vous seront aussitôt confiées, par exemple celle de sœur enseignante au village de Varennes. Est-ce que vous vous attendiez à cela ?

En entrant chez les Marianites de Sainte-Croix, mon rêve de vie religieuse était de me consacrer au service des prêtres. C'est d'ailleurs pour cela que le père Moreau avait fondé la branche féminine de Sainte-Croix. Mais en raison des besoins locaux, au service domestique des pères et des frères il avait ajouté l'enseignement, qui allait rapidement prendre le dessus sur tout le reste. C'est ainsi qu'au Canada les Marianites ont jugé plus utile à l'Église d'abandonner le service domestique des pères à partir de 1867 et de se limiter à l'enseignement des enfants. Ne pouvant servir les prêtres, j'ai accepté d'enseigner, ce que je ferai pendant une dizaine d'années, d'abord dans les écoles de Sainte-Scholastique (1855-1856), de Varennes (1857-1858) et de Saint-Martin (1859-1860). En quatre ans, trois couvents.

Vous êtes devenue une sœur voyageuse.

L'important pour moi, c'était l'obéissance. Elle donnait tout le mérite à mes actions. Je l'ai appris surtout de ma remarquable fondatrice, mère Marie-des-Sept-Douleurs, qui m'a formée à la vie spirituelle.

Pourquoi avez-vous quitté Varennes ?

Je suis partie pour des raisons de santé. Revenue à Saint-Laurent, on m'a demandé d'être surveillante des études et des récréations. Puis j'ai enseigné ailleurs. Je ressentais toujours dans mon cœur l'appel à servir les prêtres, mais je n'ai pas perdu mon temps durant toutes ces années dans la Famille de Sainte-Croix. Dieu me préparait à une mission qu'il allait bientôt me confier. Je n'avais qu'un seul désir : servir. Comme Jésus le dit, au chapitre 5 de l'Évangile de Jean : « Je suis venu, non pour faire ma volonté, mais la volonté de celui qui m'a envoyé. »

Les chemins des États-Unis

Mère Marie-Léonie, vous avez vingt-deux ans lorsqu'on vous désigne pour l'orphelinat Saint-Vincent-de-Paul de New York. Tout un défi, n'est-ce pas ?

C'était une œuvre assez complexe qui comprenait un asile-orphelinat, un ouvroir et une école. Il fallait venir en aide aux Français éparpillés dans New York. J'exerçais en même temps l'office de secrétaire de la supérieure de l'asile. J'y suis restée huit ans, travaillant avec toute la force de mon âme. À deux reprises, j'ai été très gravement atteinte d'une affection pulmonaire. Mais, avantage non négligeable, j'ai profité de cette expérience aux États-Unis pour bien apprendre l'anglais. Cela me sera très profitable par la suite.

Quels souvenirs avez-vous gardés de cette époque ?

Des bons et des moins bons. La vie était très dure. Entre les heures de classe, de lavage ou de couture, nous nous rendions dans les magasins pour y mendier toutes sortes d'objets défraîchis ou brisés, que nous réparions et revendions ensuite dans des bazars, pour faire vivre l'orphelinat. Nous allions même visiter les cuisines des grands hôtels pour mendier de la nourriture et du thé déjà infusé, qui pouvait encore être servi comme breuvage aux enfants. Il en a fallu du dévouement ! J'ai acquis de

Mère Marie-Léonie avec Alice, sa nièce adoptive

cette expérience une conscience sociale que je devais conserver toute ma vie.

Dieu se servait de vous.

Oui, mais pas toujours comme je le pensais. Je me souviens de ce fait : un jour que j'enseignais le catéchisme, j'ai remarqué qu'une élève me suivait sans cesse du regard. Étonnée, je l'ai appelée après la leçon et lui ai demandé la raison de sa conduite. La fillette m'a répondu qu'elle avait un gros péché sur la conscience, qu'elle ne pouvait pas le déclarer au prêtre, mais qu'à moi elle le dirait franchement. J'ai alors pensé que, comme cela arrive souvent à cet âge, il y avait là de l'enfantillage ; j'ai essayé de lui faire comprendre que la chose ne me concernait pas et que c'était au prêtre qu'elle devait le dire. Mais sa résolution était prise. J'ai pensé que le mieux était d'en référer à l'aumônier de l'asile. Ce dernier a tenté de toutes les manières de vaincre la timidité de l'enfant, mais peine perdue. Devant tant d'obstination, il m'a permis de recevoir sa confidence sous le secret de la confession, puis de lui en faire part. L'enfant a accepté cette proposition et m'a tout avoué. Contrairement à ce que j'avais pensé, son péché était loin d'être de l'enfantillage, au point que j'ai moi-même été gênée de le transmettre de vive voix. Je l'ai écrit au confesseur, qui a tout réglé, et la paix est rentrée dans cette pauvre petite âme. À partir de ce moment, la chère enfant a fait de grands progrès dans la perfection. Elle est devenue religieuse.

Cette anecdote montre l'impact que vous aviez sur vos élèves et la confiance qu'elles vous manifestaient.

J'étais vraiment une mère pour ces petites. J'étais surtout une semeuse de joie, apportant aux jeunes abandonnées le sourire. Voici une autre anecdote. Étant à New York, il m'arrivait parfois de conduire les orphelins en promenade hors de la ville. À l'occasion d'une de ces sorties, j'ai constaté que j'avais perdu le petit sac contenant l'argent destiné au retour en tramway. Surprise, mais non troublée, je me suis recommandée à Dieu et j'ai tout simplement exposé ma situation à un agent de la compagnie, lui faisant part de ma déception. « Mais, Madame, m'a-t-il dit, vous n'avez rien à payer pour des orphelins. C'est une fraude qu'on vous a faite ! » Et sans autre explication, il m'a remis un permis de circulation afin qu'à l'avenir je ne sois plus incommodée. Je l'ai remercié de sa grande bonté et, durant mon retour, je me suis presque félicitée de ce fâcheux incident, qui m'a permis par la suite de ménager notre monnaie.

Vous disiez qu'il y avait eu aussi de moins beaux souvenirs.

Bien sûr, comme dans tout engagement, mais je les voyais avec le regard de la foi. Il y a eu d'abord les difficultés de santé, dont je vous ai parlé. J'ai souffert à deux reprises d'une affection aux poumons ; la seconde fois, en 1869, on a même craint pour ma vie. Quand on m'a ramenée au Canada, on croyait bien que c'était pour y mourir. Il y a aussi eu des difficultés de vie fraternelle avec certaines de mes sœurs de l'orphelinat.

Par exemple ?

On me jalousait, on rapportait même toutes sortes de choses sur mon compte, des médisances, des calomnies. Un soir, après le coucher, je me suis rendue à la chapelle et j'ai déversé le trop-plein de mon cœur, pleurant comme une enfant. J'ai dit au bon Dieu : « Que vais-je faire? Ayez pitié de moi. » Alors j'ai entendu une voix qui me disait : « J'ai souffert plus que cela, moi, et je ne l'avais pas mérité. Courage! » J'ai cru si bien l'entendre que j'en suis restée saisie. Je suis sortie de la chapelle dans de tout autres dispositions que j'y étais entrée.

C'est donc cela, tout voir sous le regard de la foi ?

Oui. Il y a eu surtout la grande épreuve de la déposition de ma supérieure, sœur Marie-de-la-Rédemption, que j'aimais comme ma mère. J'avais trente ans et j'agissais depuis cinq ans comme son assistante. C'était en 1870, et cette grande épreuve a réorienté ma vie. J'ai appris par expérience que c'est dans les épreuves qu'on parcourt une longue carrière. On dirait qu'on gagne vingt-cinq ans dans la voie de la perfection. Et puis, Dieu est trop bon pour nous envoyer seulement des épreuves! Son cœur de Père sait bien nous ménager des douceurs, mais à condition que nous soyons toujours soumis à sa volonté, toujours attentifs à faire toutes nos actions en vue de lui plaire. C'est le seul secret du bonheur.

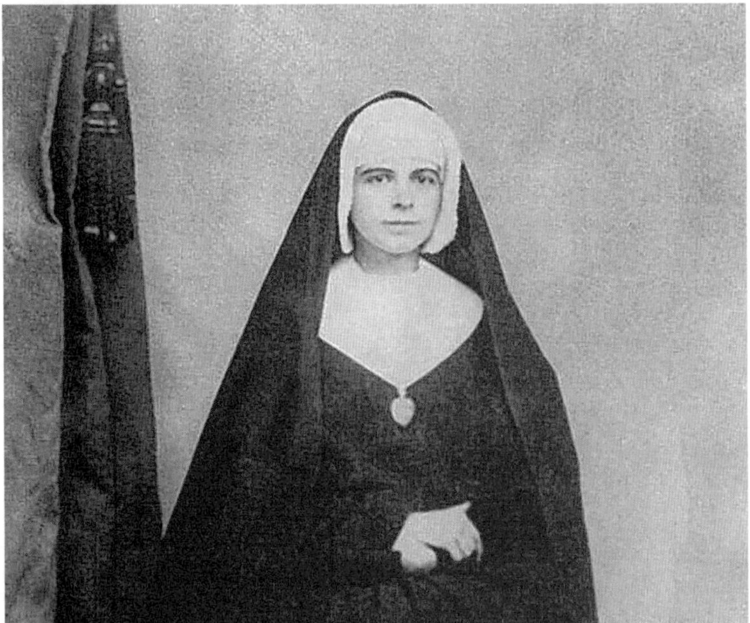

Mère Marie-Léonie (1870)

Vous revenez souvent à cette attitude de soumission à la volonté de Dieu.

Je suis très forte de caractère, et Dieu dans son infinie miséricorde m'a fait la grâce de mon entière soumission à sa sainte volonté. Il ne permet pas à l'esprit malin d'aller plus loin que le veut son bon plaisir, pour notre plus grand bien.

Il y avait aussi de grandes épreuves qui bouleversaient la communauté des Marianites à cette époque. Même votre fondateur, le père Moreau, a démissionné comme supérieur général. À la suite d'autres fondateurs, comme Abraham, il a dû « immoler son Isaac » en voyant sa communauté se disperser loin de lui. L'Église a reconnu son offrande, en le béatifiant à Mans le 15 septembre 2007.

Pendant mon séjour à New York, je faisais toujours partie de la province du Canada, qui était restée sous la dépendance de la maison-mère en France. Confrontée à des événements extérieurs à moi, dont l'éloignement injuste de ma supérieure, j'ai sérieusement remis en question ma place au sein de la communauté des Marianites. Cela m'a conduite à demander mon transfert dans une nouvelle communauté, celle des Sœurs de Sainte-Croix de l'Indiana, qui avait conservé le service domestique des Pères de Sainte-Croix. Ce drame a réveillé en moi l'appel de Dieu à servir les prêtres, qui avait été à l'origine même de ma vocation religieuse.

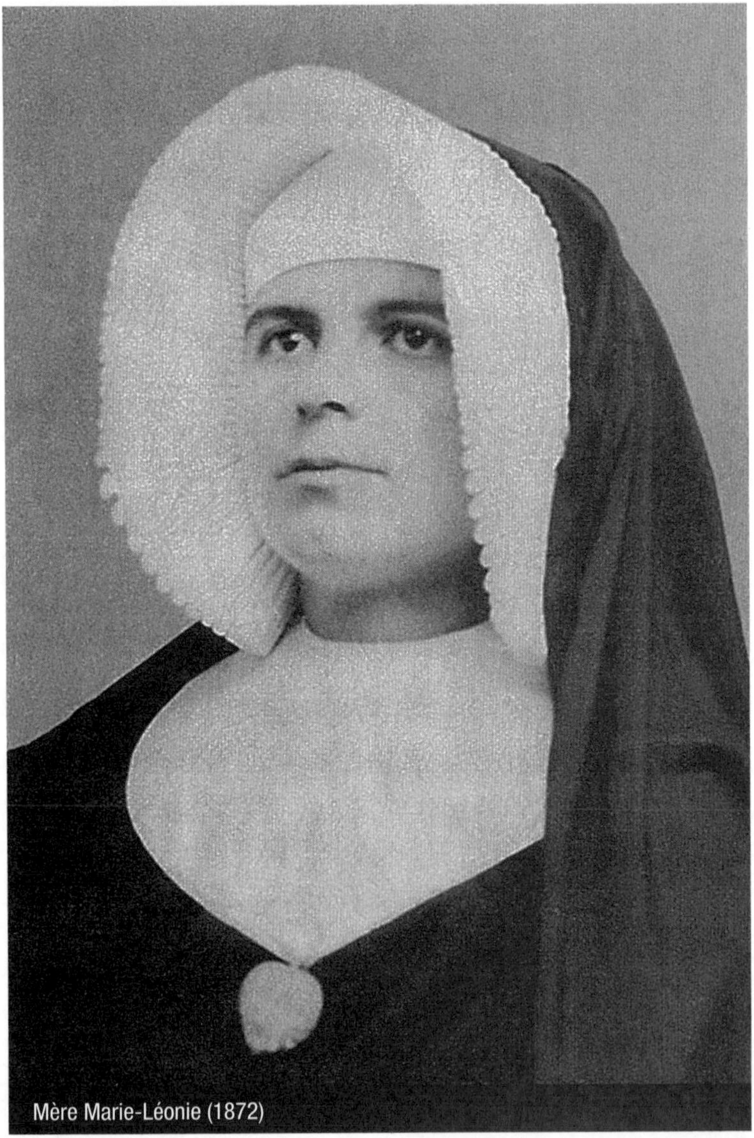

Mère Marie-Léonie (1872)

Qu'avez-vous décidé ?

J'ai réfléchi, beaucoup prié et consulté ma supérieure générale, mère Marie-des-Sept-Douleurs. J'ai alors pris la décision de quitter les Marianites pour me joindre aux Sœurs de Sainte-Croix, afin d'être fidèle à l'appel bien spécial que le Seigneur m'avait adressé de me consacrer au service des prêtres.

C'est ainsi que vous êtes partie pour l'Indiana.

Je suis partie pour l'Indiana le 21 novembre 1870 et j'y suis restée jusqu'en 1874. Même si j'étais toujours attirée par le service domestique du sacerdoce, on m'a confié l'enseignement du français et des travaux à l'aiguille aux sœurs qui se destinaient à l'enseignement. Ces quatre années ont surtout été des années d'épreuves et de sacrifices.

Pourquoi ?

D'abord, ça n'a pas été facile de quitter mes compagnes Marianites, avec qui j'avais vécu seize ans. Et puis, si New York était bien éloignée de Saint-Philippe de Laprairie, l'Académie Sainte-Marie, en Indiana, l'était encore bien davantage. C'est ainsi que papa est mort en septembre 1871 sans que je puisse le revoir. Vous imaginez ma douleur ! En plus, certaines de mes nouvelles compagnes ne m'ont pas pardonné tout de suite d'être issue d'une province marianite, d'être d'expression française, de vouloir à tout prix travailler pour les prêtres. Cela a exercé ma patience. J'expérimentais en même temps ma faiblesse. Je doutais même de ma vocation, j'ai pensé me retirer dans un couvent de contemplatives. Je n'étais pas vraiment heureuse, mais je m'abandonnais à la miséricorde du Seigneur, et je sentais en moi que c'était le service de Jésus dans ses prêtres qui ne cessait de m'attirer.

Aviez-vous la confiance de vos supérieurs ?

Oui, surtout du père Sorin, alors général de l'institut des Pères de Sainte-Croix et de la branche féminine des filles du père Moreau en Indiana. Cet homme de Dieu a vraiment sauvé ma vocation, à une heure décisive de ma vie. La province américaine de l'Indiana étant désormais séparée de la maison-mère du Mans, on m'a envoyée travailler au service domestique des pères de la célèbre université Notre-Dame. Je devais avoir la confiance de mes supérieurs, puisqu'au mois d'août 1874 j'ai été envoyée à la ville de Marquette, au Michigan, pour y fonder une maison. Je n'y suis pas restée longtemps, car on m'a confié le soin d'une nouvelle maison fondée à Memramcook, en Acadie. Cette fois, le bon Dieu m'appelait sur de nouveaux chemins, qui me conduiront à la fondation des Petites Sœurs de la Sainte-Famille. Mais ça, c'est une autre histoire.

Les chemins de Memramcook

En septembre 1874, le père Sorin vous a demandé d'aller à Memramcook, au Nouveau-Brunswick, pour diriger quatre jeunes sœurs qui étaient en service au Collège Saint-Joseph, fondé quelques années auparavant par le père Camille Lefebvre. Qu'avez-vous répondu ?

J'y suis allée par pure obéissance, car j'avais l'impression que c'était la contrée la plus sauvage de l'Univers. Je ne l'ai toutefois pas regretté, car c'est là que la Providence m'attendait.

Pendant un certain temps, le frère André de l'Oratoire craignait d'être envoyé à Memramcook. Pour lui aussi, c'était une contrée perdue dans les bois. Mais une surprise vous attendait, vous y avez retrouvé un ami.

Oui, le père Camille Lefebvre, celui-là même qui en 1852 avait fait le pèlerinage avec ma mère au sanctuaire de Sainte-Anne de Varennes et qui y avait découvert sa vocation de Sainte-Croix. Il était à Memramcook depuis dix ans déjà, envoyé par le père Moreau lui-même, pour répondre à une demande de Mgr John Sweeney, évêque de Saint-Jean, au Nouveau-Brunswick.

Le père Lefebvre s'était donc rendu en Acadie et y avait fondé un collège qui allait devenir l'Université Saint-Joseph, aujourd'hui l'Université de Moncton. Il avait été nommé provincial des Sainte-Croix du Canada en 1871, alors qu'il n'était à l'œuvre que depuis sept ans en Acadie. Il avait demandé des sœurs de Sainte-Croix pour le soin de son collège de Memramcook. C'est ainsi que Dieu s'occupait de vous, mère Marie-Léonie, plaçant autour de vous des personnes qui vous connaissaient bien et qui vous seconderaient dans la naissance des Petites Sœurs. D'un côté, il y avait le père Sorin, général des Sainte-Croix, et de l'autre, le père Lefebvre, provincial des Sainte-Croix du Canada.

Les chemins de Dieu épousent souvent les nôtres. Il suffit de nous recommander à lui dans nos embarras, nos craintes, nos difficultés ; tant que nous suivons ce chemin, nous pouvons dormir tranquilles. Qui s'affermit en Dieu trouve une paix profonde. Il importe de ne pas perdre de vue qu'il nous faut suivre le chemin royal de la Sainte Croix pour arriver au ciel.

Vous êtes donc arrivée à Memramcook au début septembre.

Non, ce sont quatre jeunes novices qui sont arrivées au début septembre, pour les soins du ménage et de la cuisine du collège. Mais il y avait un grand obstacle : elles parlaient seulement anglais. Outre le fait que le père Lefebvre ne savait pas l'anglais, il aurait été très difficile de recruter d'autres jeunes filles au sein de cette population toute francophone. À la fin du mois, le père Sorin a donc envoyé deux autres sœurs, dont moi-même, qui avais été choisie et nommée pour diriger les cinq autres.

À trente-cinq ans, un nouveau chemin s'ouvrait ainsi à vous. Comment était-ce, au début ?

C'était difficile, car les conditions matérielles étaient pitoyables. Je m'ennuyais, on manquait d'espace. Les sœurs de langue anglaise se sont d'abord installées dans une petite maison près du collège ; moi-même et celles qui allaient devenir mes postulantes occupions une partie de l'ancien presbytère.

Que faisiez-vous quand vous vous ennuyiez ?

Je m'unissais à l'agonie de Jésus.

La vie était si dure ?

Je m'étais fait fabriquer un coffre-lit où je m'allongeais le soir, comme dans un cercueil, et dont le couvercle refermé durant le jour servait de banc. Nous avons été réunies dans une même maison à partir d'août 1875. Le premier hiver a été très rigoureux. Je souffrais beaucoup des poumons. Les gens disaient que Memramcook était le tombeau inévitable des poitrines faibles. Nous devions charroyer l'eau d'un puits éloigné pour le lavage et la cuisine. Une fois de plus, j'ai été bien malade. Je suis restée sept jours au lit avec une douleur au côté. Le 8 février 1875, le père Sorin m'a écrit cette lettre, qui témoigne de la tendresse qui nous unissait : « Ma pauvre chère petite malade, je vous voudrais ici pour vous voir deux fois par jour. Mais j'espère que vous êtes déjà guérie et forte et robuste et surtout courageuse, bref, vaillante comme la femme forte de l'Évangile. Si le climat vous est contraire, sûrement, je ne veux avoir ni sur l'esprit ni sur le cœur le reproche de vous avoir envoyée mourir à Memramcook. Écrivez-moi tout de suite, immédiatement, sans délai. »

Heureusement que le printemps approchait !

Oui, et je me suis vite remise sur pied, rassurant ainsi mon général. Le 19 mars, fête de saint Joseph, l'église Saint-Thomas, bondée, accueillait les quatre novices. J'avais commencé mon œuvre les mains vides, confiante dans la Providence et le bon saint Joseph. Ce saint Patriarche était le protecteur de notre communauté, comme il l'avait été de la Sainte Famille de Nazareth. Le père Lefebvre présidait la cérémonie et a prononcé le sermon. L'événement avait été annoncé en chaire comme la première prise d'habit en Acadie française depuis la fondation de Port-Royal en 1605. J'ai commencé à recevoir au Collège Saint-Joseph des aspirantes à la vie religieuse qui se destinaient au noviciat Notre-Dame des Sœurs de Sainte-Croix, qui se trouvait alors en Indiana.

Cela faisait un peu loin, ne trouvez-vous pas ?

Deux mille kilomètres, trente heures de train, ce n'était pas à la porte. Si les vocations étaient nombreuses en Acadie, plusieurs n'avaient pas les moyens financiers de faire le voyage jusqu'en Indiana. Il y avait aussi la barrière de la langue. Les Acadiennes parlaient français, mais tout se passait en anglais au noviciat Notre-Dame.

Qu'avez-vous fait ?

Ouvrir un noviciat sur place en Acadie n'était pas très réaliste à ce moment-là. J'ai écrit au père Sorin pour lui proposer d'ouvrir en Indiana un noviciat francophone. Mon idée lui a plu, mais il n'y avait pas assez d'argent pour envoyer les jeunes Acadiennes là-bas. Il y avait bien les Marianites à Montréal, mais celles-ci ne s'occupaient déjà plus du service domestique des prêtres. Pouvait-on compter sur les sœurs de l'Indiana ? Mgr Fabre, de Montréal, a autorisé que des sœurs de Sainte-Croix s'occupent de la cuisine de nos maisons de Saint-Laurent et de Notre-Dame-des-Neiges. Il désirait seulement que le costume de nos sœurs soit un peu modifié et qu'il diffère ainsi de celui des sœurs Marianites de Saint-Laurent.

C'est ce qui est arrivé ?

Non. Mgr Fabre a changé d'avis, à la demande des Marianites, qui s'opposaient catégoriquement à la venue des sœurs de l'Indiana à Montréal. Je l'ai rencontré en septembre 1875, alors que j'étais en route vers l'Indiana. Pendant que je lui parlais du besoin des collèges en personnel pour les tâches domestiques, il a eu ces paroles prophétiques : « Mais, ma sœur, pourquoi ne feriez-vous pas une petite communauté pour le service des collèges ? »

Et qu'avez-vous répondu ?

Je lui ai dit : « C'est vrai, Monseigneur, nous y penserons. » J'en ai d'abord parlé au père Camille Lefebvre, qui en a fait la demande au chapitre provincial, à l'été 1876. Il a été accepté à l'unanimité d'ouvrir à Memramcook un ouvroir où seraient formées, sous la direction des sœurs de Sainte-Croix, des jeunes filles qui se destineraient à vivre sous une certaine règle, en se dévouant au service de nos maisons de la province. Ces jeunes filles, après une année d'épreuve passée à Memramcook, se lieraient par des vœux annuels, ou par des vœux de trois ou quatre ans. C'est ainsi qu'a été constitué l'ouvroir de Memramcook. On a donné à ces jeunes filles le titre d'Auxiliaires. Quelques-unes d'entre elles ont immédiatement commencé leur tâche au Collège Notre-Dame de la Côte-des-Neiges.

Vous deviez être heureuse de ce dénouement !

Oui, mais je n'étais pas assurée de toujours demeurer en poste pour former ces jeunes filles. Cela m'inquiétait un peu. L'obéissance pouvait bien m'appeler à œuvrer ailleurs, mais encore là, un événement providentiel est venu clarifier la situation. Comme le père Sorin demandait de l'argent et que nous étions incapables de lui en donner, il a consenti à ce que nos religieuses se séparent de l'Indiana et restent toute leur vie à Memramcook, en appelant le père Lefebvre à assumer toute responsabilité à leur égard. Le père Lefebvre a consulté chacune des sœurs. Les quatre sœurs irlandaises ont refusé de passer le reste de leur vie à Memramcook. Moi-même et sœur Philomène y avons consenti. J'étais très heureuse, car j'avais trouvé là le calme et le repos de l'âme.

Vous pouviez donc vous consacrer en toute quiétude à l'ouvroir de Memramcook.

Le 26 août 1877, après avoir suivi pendant quelques mois le règlement qui leur avait été spécialement donné, les 14 premières auxiliaires ont revêtu dans la joie un costume particulier, au cours d'une cérémonie présidée par le père Lefebvre. Elles sont retournées à leur tâche, certaines à Memramcook, au Collège Saint-Joseph, et d'autres à Montréal, au Collège Notre-Dame de la Côte-des-Neiges. Grâce des commencements, ces premières élues persévéreront dans l'institut.

Les esprits étaient enfin apaisés.

Pas tout à fait, car plusieurs se posaient des questions à notre sujet. Notre institut n'avait pas de nom. Un article du frère Aldéric, rédigé pour *Le Moniteur acadien*, présentait l'ouvroir de Memramcook comme un tiers ordre des Sœurs de Sainte-Croix. Cette erreur a causé tout un tollé dans la congrégation. On a pensé que le père Sorin avait outrepassé ses pouvoirs en permettant au père Lefebvre d'instituer un tiers ordre de Sœurs de Sainte-Croix, ce que seul le chapitre général avait le droit de sanctionner. Même à Montréal, on se demandait pourquoi nous portions un costume spécial. On nous accusait de jouer aux religieuses. Le père Lefebvre a sorti la plume et a défendu notre cause.

Mais étiez-vous une communauté religieuse ?

Pas comme il en existait à l'époque. Il s'agissait simplement de bonnes filles serviables, venues des paroisses du Nouveau-Brunswick. Si elles avaient un costume uniforme, c'était uniquement pour les attacher davantage à leur poste de dévouement et les soumettre à un régime de vie pieuse. Ces explications n'ont pas suffi, et il a fallu changer notre costume pour que le public ne nous prenne pas pour des religieuses.

L'habit ne fait pas le moine... Était-ce bien grave, cette histoire de costume ?

C'était tout de même un grand détachement. Nous cherchions notre voie dans quelque chose de nouveau. Ce que je retiens de tout cela, c'est que les premières sœurs acadiennes ont fait leur noviciat sur le champ de bataille. Rien ne les effrayait, pas même la privation de leur costume religieux. L'évêque avait parlé, il leur avait enjoint de quitter leur costume ou de partir. Elles avaient vu le bien qu'elles pouvaient faire auprès de ces chers enfants du Collège Notre-Dame. Elles ont donc renoncé à leur costume, se sont mis une humble capeline d'Indienne sur la tête et sont allées leur chemin. Ainsi affublées, elles auraient dû être la risée des parents et des petits enfants. Rien de tout cela : parents et enfants aimaient et respectaient les sœurs.

Malgré ce renoncement au costume religieux, vous aviez beaucoup de vocations.

À cette époque, le diocèse de Saint-Jean comptait une seule communauté de religieuses, les sœurs de la Charité de l'Immaculée-Conception, mais celles-ci ne parlaient que l'anglais. Nous répondions donc à un besoin et nous avions beaucoup de vocations. Mais à Memramcook même, on se demandait si nous n'étions pas trop nombreuses et si nous n'allions pas ruiner le collège. Nous étions mûres pour une autre mission, et c'est ce qui s'est produit.

À quel endroit ?

D'abord au collège de Saint-Césaire de Rouville, confié aux pères et aux frères de Sainte-Croix. J'y ai conduit six jeunes Acadiennes. J'y suis restée six semaines en 1878, pour les initier à cette nouvelle mission, leur faisant la lecture spirituelle et présidant aux autres exercices. Je leur ai préparé un petit jardin, car il faut dire que j'aime beaucoup les fleurs. Sous mon grand chapeau de paille, je travaillais avec ardeur, semant fleurs et légumes. Et puis en 1879, c'est la mission de Farnham qui connaîtra de beaux jours.

Mais vous étiez toujours une association, non une famille religieuse.

En avril 1880, le père Lefebvre s'est rendu en France pour le Chapitre général de sa communauté. Il a fait connaître notre œuvre aux capitulants et en a alors profité pour solliciter l'approbation du Chapitre, afin de constituer cette association en une famille religieuse vouée au service domestique des collèges, mais totalement distincte de celle des Sœurs de Sainte-Croix. Les participants au Chapitre se sont ralliés et ont approuvé la nouvelle communauté. Le 31 mai, à Memramcook, le père Lefebvre a rédigé l'acte de fondation de la communauté, qu'on a appelée les Petites Sœurs. Il écrivait :

En retour des services rendus aux dits religieux de Sainte-Croix, en la province du Canada, la corporation du Collège Saint-Joseph de Memramcook s'engage à pourvoir à l'entretien des dites Petites Sœurs leur vie durant, à en prendre soin en maladie et à pourvoir à tous leurs besoins spirituels conformément aux règles de la charité. Les susdites Petites Sœurs qui auront pour patron la Sainte Famille de Jésus, Marie et Joseph, seront soumises à une règle les constituant en corps religieux laïque, à l'obéissance de laquelle elles seront soumises, lesquelles règles, en déterminant leurs obligations, les dirigeront plus sûrement dans la voie de la perfection chrétienne religieuse.

Voilà ! C'était fait ! Votre communauté était enfin fondée.

Et vous comprenez tout ce que nous devons au père Lefebvre ! Moi, je me considérais simplement comme une sœur de Sainte-Croix, accomplissant une œuvre de sa congrégation. Ce n'est que plus tard qu'on me fera comprendre qu'en réalité j'étais devenue fondatrice d'un autre institut : les Petites Sœurs de la Sainte-Famille. J'ai ensuite rédigé les règles avec le père Rézé, assistant général de Sainte-Croix. Tout était mis en œuvre pour vivre la spiritualité de la Sainte Famille de Nazareth. Notre finalité correspondait à celle que le père Basile Moreau avait d'abord rêvée pour ses Marianites : le service de Jésus, présent dans ses prêtres, comme Marie l'avait fait à Nazareth. Je pensais à la faveur que Dieu nous faisait en nous donnant d'accomplir auprès des prêtres les fonctions dont s'acquittaient la Sainte Vierge et les saintes femmes auprès du Seigneur et des apôtres.

Ce ministère envisagé avec foi répondait à un besoin et serait d'une grande fécondité pour l'avenir.

Pour moi, cette existence était comme un rêve ; je vivais dans un incertain qui parfois me faisait peur, lorsque je sortais de ce rêve !... Mais, peu à peu, je m'en remettais et je me disais : « Pourquoi avoir peur ? N'es-tu pas dans les bras de ton bon Jésus qui veille sur toi et qui fera ressortir de ces épreuves une ère florissante pour ta chère petite communauté ? »

Et vous ne refusiez personne ?

Il n'a surtout jamais été question de refuser qui que ce soit à cause de la dot ou de l'argent. La communauté des Petites Sœurs de la Sainte-Famille avait été fondée pour donner aux jeunes filles pauvres et sans instruction l'avantage de la vie religieuse. La communauté n'exigeait donc ni l'un ni l'autre ; on donnait ce qu'on pouvait. Pour le reste, Dieu y pourvoirait.

Les chemins de l'épreuve

La communauté des Petites Sœurs existait indépendamment des Sœurs de Sainte-Croix, mais c'était vous, religieuse de Sainte-Croix, qui vous en occupiez. Cela posait-il des problèmes ?

Au début, non. Mais en 1883, il y a eu un début de contestation chez les Petites Sœurs. Le père Rézé avait dit qu'il était possible que dans quelques années les Sœurs de Sainte-Croix retournent en Indiana et que les Petites Sœurs pourraient se gouverner par elles-mêmes. Alors que j'étais à Farnham, des sœurs ont jugé le moment venu de mettre cette idée en application. Elles ont alors décidé d'écrire une lettre au père Lefebvre à ce sujet. Le projet a été confié à une jeune postulante nouvellement entrée, qui a écrit la lettre de son mieux, sous la dictée des sœurs. Bien sûr, le père Lefebvre a mis un point final à toute l'affaire. Il leur a bien fait comprendre que j'étais la supérieure. Quand je suis revenue de mes visites, il m'a fait part de ce qui se tramait dans mon dos. Je n'ai rien laissé paraître à l'extérieur, de sorte qu'on a cru que je n'avais jamais eu vent de l'affaire.

Vous ne vous attendiez pas à cela ?

Jamais ! Mais j'avais eu un songe durant la nuit à Farnham. Il me semblait que je me rendais à la chapelle du collège.

Or, en mettant le pied sur le premier degré de l'escalier, j'ai marché sur la queue d'un énorme serpent, qui s'est redressé de toute sa longueur et m'a jeté sa lancette à la figure. J'en ai été si terrifiée que j'ai poussé un cri et me suis éveillée. Je me suis dit : j'ai des ennemis.

Qu'avez-vous fait?

Rien. Je souffrais énormément, car je me sentais trahie. Mais je savais bien que les humiliations et les croix grandissent l'âme et l'élèvent vers Dieu. C'est une preuve non équivoque qu'il veut lui-même conduire son œuvre selon ses admirables desseins. Ce n'est qu'en suivant les traces de notre bon Sauveur que nous arriverons au ciel, par le chemin royal de la croix, soit peines d'esprit, soit souffrances dans le corps. Et puis, j'ai souvent fait l'expérience que c'est en fuyant une petite croix qu'on en rencontre une plus grosse.

C'est tout de même étonnant. Personne ne savait que vous étiez au courant de la contestation?

Plusieurs années plus tard, j'en ai fait la confidence à l'une de mes intimes. Le père Lefebvre m'avait remis la lettre écrite par une postulante qui énumérait tous mes défauts : mon manque d'ordre, de tact, d'économie, de savoir-faire, et le reste; puis, finalement, on le priait de me faire rappeler à Notre-Dame, en Indiana. Je ne m'attendais pas à pareille chose; non pas qu'il m'en coûtât de retourner à mon couvent, mais j'étais attristée de voir le peu de compréhension, d'estime et de reconnaissance dont ces pauvres filles faisaient preuve, après toute la peine que je m'étais donnée pour les former à la vie religieuse. Le père Lefebvre n'a pas voulu, vous le comprenez, entendre parler de mon départ. Aussi, il a eu vite fait de mettre tout son monde à l'ordre.

Qu'est-il arrivé à la postulante qui avait écrit la lettre ?

Elle a persévéré dans l'institut. C'était plus par aveuglement que par méchanceté. Je lui ai pardonné totalement, comme à toutes les autres.

Est-ce que cela vous a ébranlée ?

À un point tel que j'ai écrit au père Sorin pour lui dire que le temps était peut-être venu pour moi de laisser la jeune communauté se diriger elle-même et de retourner à Notre-Dame. Pour seule réponse, il m'a maintenue à mon poste. De son côté, le petit institut continuait à recruter des sujets, tant en Acadie qu'au Québec. On a ouvert en 1886 un établissement à Sorel.

Les familles étaient nombreuses, à l'époque ; c'était un terreau idéal pour les vocations.

Un jour, j'ai visité une famille en Nouvelle-Écosse qui avait dix enfants : huit filles et deux garçons. Les huit filles entreront dans mon institut et vont persévérer, sauf une qui retournera dans le monde, mais plus tard sa fille rejoindra ses tantes.

Vous aviez le tour de parler au monde.

Simple dans mon langage et ma manière d'agir, je me montrais bienveillante envers toutes les personnes que je rencontrais. Par exemple, je n'hésitais pas à me rendre auprès des vieilles Indiennes pour les soigner dans leurs tentes.

Tout s'est donc déroulé pour le mieux.

Cela ne m'a pas évité d'autres croix. Nous étions déjà 64. Mais en approuvant officiellement la Congrégation des Sœurs de Sainte-Croix en 1889, Rome a exigé qu'elle se sépare complètement des religieux de Sainte-Croix, et donc que soit définitivement supprimé le noviciat de Notre-Dame, fondé par le père Sorin pour préparer les religieuses destinées aux travaux domestiques. Cela remettait en question ce que nous vivions : être au service des religieux de Sainte-Croix. Devant ces nouvelles réalités, on a jugé que les Petites Sœurs pouvaient désormais se développer de façon totalement indépendante de la Congrégation de Sainte-Croix et qu'elles n'avaient probablement plus besoin de moi. On a donc songé à me retourner à Notre-Dame.

Pourquoi ?

J'étais toujours une sœur de Sainte-Croix. Mais on a consulté les Petites Sœurs. J'ai moi-même écrit à chacune de nos maisons et j'ai offert de céder ma place comme responsable de la communauté. J'ai invité chacune à exprimer au père Sorin, librement et par vote secret, ce qu'elle désirait. J'ai abandonné le tout entre les mains de la bonne Providence, bien convaincue qu'après tout il n'arriverait que ce que le bon Dieu voudrait.

Quel a été le résultat de cette démarche ?

Les sœurs me voulaient toutes comme supérieure. Elles souhaitaient également que mes deux compagnes de Sainte-Croix, sœur Marie-de-la-Rédemption, mon ancienne supérieure de New York revenue au bercail après tant de prières, et sœur Marie-de-Sainte-Philomène, restent elles aussi. Elles ont donc continué, jusqu'à leur mort, à partager la vie des Petites Sœurs de la Sainte-Famille. À partir de 1892, il n'est plus resté que moi comme sœur de Sainte-Croix au milieu des Petites Sœurs.

Est-ce que Mgr Sweeney, évêque de Saint-Jean, vous soutenait ?

Oui et non. Il n'a pas accepté de donner à la jeune communauté une reconnaissance canonique. Peut-être qu'il ne croyait pas à notre avenir ou qu'il craignait d'avoir à sa charge des religieuses âgées et malades. J'ai confié au père Sorin la tâche d'intercéder pour ma cause, mais ses efforts ont été vains. Tout au plus l'évêque a-t-il autorisé l'ouverture d'un noviciat de Petites Sœurs à Memramcook, sans pour autant approuver officiellement notre institut.

Quelles ont été les conséquences de ce refus ?

Plusieurs jeunes filles sérieuses, lasses de devoir toujours faire des vœux privés, sont passées à d'autres communautés.

Cela m'a amenée à chercher un autre diocèse d'accueil pour obtenir l'approbation épiscopale et le droit de faire des vœux publics.

Où êtes-vous allée?

Je n'ai pas fait mes recherches immédiatement, car il y a eu plusieurs deuils dans la jeune communauté, dont mes deux premières compagnes de Memramcook, sœur Marie-de-la Rédemption en 1891 et sœur Marie-de-Sainte Philomène en 1892. Puis, ma bonne maman est morte un an plus tard, à l'âge de soixante-douze ans. J'ai eu la grâce de l'assister à ses derniers moments et de lui fermer les yeux. Elle était venue vivre au couvent après la mort de papa. Elle y est demeurée sept ans. Enfin, j'ai perdu mon père spirituel, le père Édouard Sorin, au soir du 31 octobre 1893. Moi-même, il s'en est fallu de peu que je ne suive mes amis dans la tombe.

Étiez-vous malade?

Au cours d'avril 1894, une bronchite aiguë, compliquée d'ulcères, ne me laissait plus aucun espoir. Devant l'impuissance des remèdes et la désolation des Petites Sœurs, le père Lefebvre a demandé à Notre-Dame du Cap d'intercéder en ma faveur. Il a fait la promesse de me conduire au sanctuaire marial si la Sainte Vierge m'arrachait à la mort. Son vœu a été agréé, car je me suis sentie mieux et ma guérison a été complète.

Marie aura toujours une place très importante dans votre communauté.

Je la priais tous les jours. J'aimais la visiter au sanctuaire Notre-Dame du Cap. Je priais pour chacune de mes sœurs. Que le temps passait vite dans ces grands sanctuaires! Je lui avais fait cette prière durant une retraite :

Ô Marie, Mère de miséricorde! Vous qui connaissez ma profonde misère, mon extrême faiblesse, aidez-moi, je vous en conjure, faites-moi plutôt mourir pendant cette retraite, si je dois encore offenser Dieu de propos délibéré; ma faiblesse en face du devoir est immense, et c'est là ce qui me donne en quelque sorte un droit plus grand à votre tendresse; la mère s'attache davantage à son enfant malade, faible, chancelant, qu'à celui qui est sain, fort et robuste; elle le suit partout, le soutient, écarte de ses pas tout ce qui pourrait le faire tomber. Ô Marie, soutenez mes pas chancelants, éloignez de moi toutes les occasions de tomber dans l'abîme du péché; et fortifiée de votre protection maternelle, j'espère arriver au terme que Dieu s'est proposé en m'appelant à la vie religieuse.

Après votre guérison, ce fut donc une renaissance.

Pas pour longtemps. Comme s'il n'y avait pas eu assez de deuils, ce fut notre père et protecteur, le père Camille Lefebvre, que l'on trouva mort dans son sommeil le 28 janvier 1895. Il n'avait que soixante-quatre ans. Je me consolais en me disant que j'avais eu la joie, la veille, de souligner avec lui la fête de la Sainte-Famille. Il était venu célébrer pour la première fois avec nous la nouvelle messe de la Sainte-Famille, approuvée par Léon XIII en 1893. Toute la communauté avait vécu un grand moment de bonheur. Mais aujourd'hui, il n'était plus là, laissant sa petite communauté sans véritable soutien.

J'imagine la souffrance que vous pouviez ressentir.

L'Acadie venait de perdre son apôtre et moi, un frère, un père. Ma douleur était extrême. Le père Roy, alors en poste à Saint-Laurent, m'a écrit pour me consoler :

Ma bonne sœur, efforcez-vous bien de reconquérir votre tranquillité, votre calme au sujet de ces divers événements ; la main de Dieu n'est pas étrangère à tout ceci ; elle a ses vues pour purifier de plus en plus ses élus. Vous savez que c'est là l'histoire de presque tous les fondateurs et bienfaiteurs insignes, d'éprouver des peines et des déboires au sujet de leurs œuvres de prédilection, pour rendre leur couronne plus brillante et doubler leurs mérites. Espérons fermement dans la divine Providence, car son bras n'est point raccourci. Au moment où les difficultés semblent extrêmes, un secours puissant et inattendu vient changer la face des choses ; laissez les hommes s'agiter, puis, sans vous troubler, armez-vous de la prière.

Ces paroles ont mis un baume sur mon âme. Le père Roy se dévouera beaucoup pour notre communauté.

Le Seigneur n'abandonne pas son œuvre. Il vous envoyait d'autres amis.

Le bon père Lefebvre n'avait pas abandonné non plus ses chères Petites Sœurs.

Que voulez-vous dire ?

Notre cher père serait encore plus puissant dans l'autre vie qu'il ne l'était ici-bas. « Si le grain de blé ne meurt, il ne porte pas de fruit. » Le père Lefebvre venait tout juste d'être enterré qu'une occasion providentielle se présentait pour une approbation épiscopale.

Un évêque était prêt à vous accueillir dans son diocèse ?

Oui. J'ai appris que l'évêque de Sherbrooke, Mgr Paul LaRocque, et le procureur du séminaire de Sherbrooke étaient à la recherche de Petites Sœurs pour assurer le service domestique de l'évêché et du séminaire. Je n'ai pu m'empêcher d'y voir l'intervention du père Lefebvre. Je me suis rendue auprès de Mgr Sweeney pour lui demander s'il accepterait le transfert du généralat et du noviciat à Sherbrooke, si Mgr LaRocque consentait à approuver canoniquement notre communauté. Il m'a répondu que ce serait une bonne chose et que pareille solution le réjouirait.

Alors, vous avez attendu la visite de l'évêque de Sherbrooke.

J'étais dans l'angoisse et dans l'espérance. Encore endeuillée de la perte de mon conseiller, je me sentais bien seule au moment où il fallait prendre une si grande décision, mais je sentais qu'il priait pour moi et pour les Petites Sœurs. Cela ranimait mon courage et ravivait ma confiance en l'avenir. Quelques mois plus tard, j'ai enfin eu la chance de rencontrer Mgr LaRocque, homme de foi d'une cinquantaine d'années. À l'âge de trente-huit ans, il avait été nommé curé de la cathédrale de Saint-Hyacinthe par le bon Mgr Moreau. Il voyait dans notre communauté une réponse de la Providence aux besoins du temps. Il m'a assurée que mes Petites Sœurs deviendraient bientôt une œuvre diocésaine de Sherbrooke. J'étais transportée de joie. Une nouvelle ère de croissance commençait pour la communauté, qui s'engageait de nouveau sur des chemins connus de Dieu seul.

Les chemins de la croissance

Ça n'a pas été facile de quitter Memramcook. Vingt et un ans de fidélité avec la population avaient tissé des liens étroits. Les Acadiens vous considéraient comme une conseillère et une sainte. Ils avaient vu votre foi et votre bonté en action. Certains considéraient le déménagement du noviciat et de la maison-mère comme une nouvelle déportation.

La séparation s'est faite dans les pleurs. Je ne pensais pas que mon cœur était à ce point attaché à ce pays. Cela a représenté pour moi un réel sacrifice, que j'ai offert à Jésus. Les Acadiens blâmaient l'évêque de Saint-Jean, mais celui-ci avait ses raisons. Il a même refusé qu'en 1900 l'on souligne le 25e anniversaire des débuts de la communauté à Memramcook, ce que nous ferons après son décès, en octobre 1902. Pour les Acadiens comme pour nous, le transfert constituait un arrachement. Il fallait aller de l'avant et y voir un signe de Dieu. L'avenir nous a montré qu'il était plus facile de croître à partir du Québec.

De toute façon, vous aviez trouvé en Mgr LaRocque quelqu'un qui croyait en l'œuvre des Petites Sœurs et qui était disposé à en favoriser la croissance.

C'est ce que j'avais discerné. Les quatre premières Petites Sœurs sont arrivées à l'évêché de Sherbrooke le 1er août 1895. Comme la maladie m'empêchait de les accompagner, je suis allée les rejoindre le 5 octobre suivant, par le train de nuit, avec une professe et quatre postulantes acadiennes.

Vous avez beaucoup aimé l'Acadie. Memramcook restera toujours le berceau de la communauté. En 1902, vous ferez cette confidence : « Quoiqu'à Sherbrooke de corps, je suis bien souvent en esprit à notre cher Memramcook. »

J'ai décidé que des sœurs demeureraient à Memramcook et qu'elles continueraient à vivre parmi nos chers Acadiens. Ce transfert n'a pas été facile pour elles, d'autant plus que Mgr Sweeney avait laissé entendre qu'il pourrait revoir sa décision, peut-être en raison de la pression du peuple acadien. De toute façon, il était trop tard et il y avait tant à faire à Sherbrooke.

Est-ce que les débuts ont été pénibles ?

Oui. Nous avons connu la pauvreté, les rigueurs de l'hiver, les chaleurs de l'été, le manque de nourriture et d'ameublement. « Ceux qui sèment dans les larmes moissonnent en chantant », dit-on dans un psaume. Et la moisson n'allait pas tarder.

Vous aviez l'espérance des recommencements.

Dès notre arrivée, nous nous sommes mises à la besogne. Le lever avait lieu à 4 h 30. Nous faisions la prière du matin et je présidais la méditation dans une petite salle. Nous n'avions que quelques chaises, selon les besoins ; mais le plus souvent, les sœurs s'assoyaient par terre autour de moi. Cela nous faisait penser à la sainte maison de Nazareth.

L'essentiel, c'est que Dieu était avec vous.

En effet, et il y était vraiment depuis le 29 novembre 1895. Mgr LaRocque nous avait en effet accordé le privilège d'avoir le Saint-Sacrement en permanence dans la chapelle du petit couvent. Imaginez ma joie ! J'ai partagé ce bonheur avec mes filles de Memramcook dans une lettre du 17 novembre 1895, adressée à sœur Saint-Édouard. En voici un extrait :

Nous avions tellement été privées de ne pas avoir le Saint-Sacrement dans notre maison, quelques fois, privées de faire nos visites au Saint-Sacrement, par le mauvais temps, que j'appelais de toute l'ardeur de mes vœux le jour heureux où Jésus ferait sa demeure dans notre petit Bethléem. Toute la journée de sa venue, à chaque instant, j'entrais dans la chapelle, il ne fallait pas aller bien loin, et assise, je ne pouvais rien dire, contemplant le tabernacle dans ma joie, je ne pouvais croire que Jésus était bien là avec nous ; le soir, comme je lui ai fait de belles amours avant d'aller me coucher... Juste à la porte de ma chambre, encore plus près qu'à Memramcook.

On voit que vous êtes vraiment une adoratrice, par ce regard amoureux que vous portez sur Jésus présent dans le tabernacle. Il y a eu aussi une autre grande joie, celle que vous attendiez depuis si longtemps.

Vous parlez probablement de notre reconnaissance officielle. C'est le 26 janvier 1896, fête de la Sainte-Famille, que Mgr LaRocque a érigé canoniquement « Les Petites Sœurs de la Sainte-Famille ». Je l'ai appris par télégramme à Memramcook, où je me trouvais pour affaires. Mon émotion était à son comble. Cette reconnaissance de l'Église a été une bénédiction pour la communauté, qui ne cessera de grandir par la suite, sous l'œil vigilant de Mgr LaRocque. Il formera les Petites Sœurs à la sainteté par ses entretiens spirituels, ses lettres circulaires annuelles, ses retraites, ses visites aux différentes maisons. Il a vraiment été pour nous un père spirituel, se souciant grandement de ma santé. J'avais été bien avisée de le suivre.

À cette époque, les Petites Sœurs étaient sur la rue Peel, à Sherbrooke.

Nous y resterons une année. Ensuite, nous déménagerons dans l'ancien couvent des Sœurs Grises, près du séminaire. Nous avions le chauffage et l'eau chaude. Je répétais souvent : « Travaillons, nous nous reposerons au ciel. »

Un an plus tard, le 14 juillet 1897, une autre religieuse, devenue plus tard docteur de l'Église, verra le ciel autrement. De son carmel de Lisieux, Thérèse écrira au père

Roulland : « Je compte bien ne pas rester inactive au Ciel, mon désir est de travailler encore pour l'Église et les âmes, je le demande au bon Dieu et je suis certaine qu'il m'exaucera. Les Anges ne sont-ils pas continuellement occupés de nous sans jamais cesser de voir la Face divine, de se perdre dans l'Océan sans rivages de l'Amour? Pourquoi Jésus ne permettrait-il pas de les imiter? » Ainsi, passera-t-elle son ciel à faire du bien sur la terre.

Pour le moment, j'étais bien occupée sur la terre. Je m'usais pour les autres et pourtant, j'avais l'impression d'avoir les mains vides. Nous étions d'abord au service de Jésus dans ses prêtres. Notre finalité était de venir en aide au clergé par le service domestique des séminaires, collèges, évêchés et monastères. Je désirais plus que tout que mes filles soient priantes, travaillantes, humbles, à l'image de la Sainte Famille de Nazareth. Nous mettions un mode de vie religieuse à la portée de nombre de jeunes filles qui aspiraient à la vie religieuse, mais n'avaient pas l'instruction requise pour d'autres instituts. Le Seigneur n'attendait pas de nous les diplômes, les hautes fonctions, la richesse, mais plutôt l'amour, la simplicité, l'humilité, la joie, la piété et le dévouement.

Et ces vertus passaient par le creuset du travail manuel.

Certainement. Nous incarnions l'amour de Dieu et du prochain par le travail manuel dans tout ce qui concernait le soin du ménage des séminaires et de toutes ces maisons chères à l'Église, dont le but plus ou moins immédiat était la formation des prêtres dont elle avait besoin pour répandre la bonne nouvelle de l'Évangile. Ces occupations manuelles faites avec amour nous aidaient à devenir plus humbles. Et c'était à Nazareth que nous avions trouvé notre modèle en contemplant Jésus, Marie et Joseph le charpentier.

Comment la communauté s'est-elle développée après l'approbation épiscopale ?

Les vocations sont venues rapidement et en si grand nombre que nous aurons en moyenne, à cette époque, une cinquantaine de professions religieuses par année.

Je suppose que les demandes de service ont été encore plus nombreuses.

Elles venaient de partout : des évêchés de Pembroke, Alexandria, Vancouver, Portland, Cincinnati, Seattle, pour ne nommer que ceux-là. Les demandes provenaient aussi de séminaires et de collèges de Waco, Baltimore, New York, Buffalo, Chicago, Halifax, Toronto, Maniwaki, Antigonish, etc. Tous nous réclamaient. J'ai dû refuser plus d'une centaine de demandes. De 1874 à 1895, nous avions sept missions, dont six au Canada et une dans le Maine, aux États-Unis. De 1895 à 1912, nous fonderons 33 autres maisons, soit près de 3 nouvelles missions par année.

N'y avait-il pas le danger de ne pas avoir assez de temps pour la formation religieuse et spirituelle des sœurs ?

C'était un danger très subtil. À un certain moment, je souhaitais même que ce succès cesse, afin de pouvoir mieux former spirituellement mes sœurs. J'étais convaincue qu'une âme bien formée dans la vie spirituelle était plus féconde que plusieurs dont la formation avait été précipitée. Sinon, comment maintenir la patience, la prudence, le recueillement et l'union à Dieu dans les rudes travaux de la journée ? Où trouver ailleurs que dans la prière et la vie intérieure cette joie et cette consolation de l'âme sans lesquelles il est parfois impossible de traverser les épreuves sans défaillir, sans se décourager ? Il ne fallait jamais oublier que notre rôle principal était de prier et d'offrir des sacrifices pour que le prêtre soit plus saint, d'être des auxiliaires du clergé en coopérant à tout le bien fait aux âmes par eux.

Je reviendrai sur votre mission et sur les grandes lignes de votre vie spirituelle. Je parlerai aussi à la fin de ce livre de votre vie posthume. Pour le moment, votre communauté connaît un grand rayonnement à partir de Sherbrooke. C'est votre âge d'or.

C'était vraiment le signe de la bénédiction de Dieu. J'avais l'âme sereine et je me sentais perdue en Dieu, surtout au moment de ma prière devant le tabernacle. Je lui rendais grâce pour la communauté. Mais je travaillais sans relâche à la formation de mes filles, avec tact et une douce fermeté. Je reprenais au besoin, j'instruisais, encourageais, pardonnais et priais pour mon œuvre de prédilection. J'avais un faible pour toutes les misères humaines et j'allais, comme par instinct, vers les souffrants et les nécessiteux. Je disais aux sœurs : « Faites votre possible non seulement pour me plaire, ce dont je vous remercie cependant, non seulement pour plaire à Jésus, qui doit être notre premier motif, mais encore pour être plus utiles à votre communauté et lui rendre de plus grands services, ainsi que dans les maisons où vous serez appelées. » Le rayonnement de la communauté passait d'abord par la sainteté de ses membres.

Les années 1895-1912 ont donc été des années de succès et d'expansion pour la communauté, mais en même temps une période de déchirement pour vous, qui ne pouviez répondre à tous les besoins.

Je faisais de mon mieux en me disant que Dieu ferait le reste. J'étais décidée à laisser faire tranquillement le bon Dieu. À quoi bon me tourmenter en pure perte? C'est Dieu qui conduit toutes choses, et il sait mieux que nous ce dont nous avons besoin. J'avais confiance en lui comme en un bon Père. Par exemple, si on fait une sottise, au lieu de chercher de midi à quatorze heures pour s'excuser on remercie de l'avis, en promettant de mieux faire, et on va gaiement son chemin.

Et ce chemin vous a conduite à être relevée de toutes vos obligations envers la Congrégation de Sainte-Croix, pour vous attacher plus librement à votre institut.

C'était déjà fait dans mon cœur, mais je portais depuis cinquante ans le costume de sœur de Sainte-Croix, dont à la ceinture le chapelet de Notre-Dame des Sept-Douleurs et sur ma poitrine un cœur d'argent, représentant le Cœur transpercé de Marie. Les évêques et mes sœurs voulaient que je sois habillée comme mes filles. C'est ce que j'ai fait le 1er octobre 1904, mais non sans peine.

Pourquoi ?

J'étais très attachée à la Congrégation de Sainte-Croix. J'ai d'ailleurs senti le besoin de faire une retraite de quelques jours pour bien me préparer à ce changement de costume, qui avait été mon identité. Le moment venu, je me suis retirée dans ma chambre et j'ai contemplé chaque objet de mon costume comme s'il avait une âme : le cœur à l'effigie de ma bonne Mère du ciel, la cordelière qui me rappelait ma couleur préférée, les grains de mon chapelet sur lesquels mes doigts avaient si souvent glissé. Je les ai embrassés en pleurant. C'était vraiment un sacrifice pour moi. Ma première visite après le changement de costume a été pour le sanctuaire de Notre-Dame du Cap, où mes sœurs étaient en service.

Mère Marie-Léonie (1904)

Vous étiez dans la paix?

L'année suivante, j'étais dégagée par Sa Sainteté le pape Pie X de mon vœu d'obéissance vis-à-vis des Sœurs de Sainte-Croix, pour me dévouer jusqu'à la mort au service des Petites Sœurs de la Sainte-Famille. J'ai alors éprouvé une paix profonde, celle que le Seigneur donne quand on se place sous sa très sainte volonté en toutes choses. Oui, il fait si bon de vivre en paix et dans la charité! Cette paix de l'âme, fruit de la conscience que l'on fait son devoir… J'aimais cette pensée de saint Augustin, que j'exprimais ainsi : « Vous nous avez faits pour vous, Seigneur, et notre cœur est dans l'agitation, tant qu'il ne se repose pas en vous. »

Et la communauté continuait à s'agrandir dans la paix.

Oui, et à un rythme tel que nous avons entrepris la construction d'une allonge et d'une nouvelle chapelle, qui a été bénite le 2 juillet 1907, alors que toute la communauté célébrait le cinquantième anniversaire de ma profession religieuse. En neuf ans, nous étions passées de 90 Petites Sœurs à près de 400. Nous comptions maintenant 26 missions réparties dans 13 diocèses, tant du Canada que des États-Unis.

Vous repreniez souvent la route.

Oui. J'allais même jusqu'en Californie. Je me souviens que j'étais tellement contente de découvrir des fleurs en plein février que j'en ai fait un bouquet. J'avais tenu à le montrer fièrement pour la photo-souvenir sur la galerie du couvent. J'aimais aussi beaucoup les animaux, à l'exemple de saint François d'Assise. Les oiseaux, les chiens, les chats, même les mouches faisaient l'objet de mes attentions. Bref, j'aimais tout ce que le bon Dieu avait fait.

Surtout votre jument, « La fine ».

Un jour d'été, je m'étais apitoyée sur le sort de notre petite jument, qui avait été donnée à la communauté par le docteur Rioux. Le domestique avait probablement surmené la pauvre bête, car je l'ai vue arriver couverte de sueur et d'écume. Vite, j'ai appelé la sœur chargée de la buanderie et lui ai dit : « Allez donc me chercher un drap ! » La sœur, croyant que je désirais changer un des draps de mon lit, est revenue avec l'un des plus beaux draps de la lingerie. Je me suis approchée de l'animal, l'essuyant de mon mieux, sans plus de cérémonie. Et la pauvre buandière de me dire : « Mais ma Mère, qu'avez-vous fait ?... Si vous m'aviez dit que c'était pour éponger "La Fine", je vous aurais donné un autre linge que ce drap ! » Je lui ai répondu de ne pas s'alarmer, que cette pauvre petite bête aimait le linge net, elle aussi : « Mettez ce drap au lavage et il reviendra aussi beau qu'auparavant. »

Vous étiez très généreuse pour tout le monde. Votre charité était universelle.

C'était naturel chez moi. Je ne supportais pas de voir la misère. Un jour, j'ai même vidé ma petite caisse pour secourir le papa d'une de mes sœurs qui ne pouvait ensemencer ses champs, parce qu'il n'avait pas les moyens d'acheter les grains de semence dont il avait absolument besoin. J'étais aussi pleine d'attention pour les sœurs qui mouraient et pour leur famille. J'aurais même voulu expier leurs péchés à leur place.

Que voulez-vous dire ?

Je vous donne un exemple. J'apprends que l'une des pionnières de l'institut, une de mes grandes amies, sœur Saint-Édouard, du couvent de Memramcook, est gravement malade et risque même de mourir. J'accours donc à son chevet, mais j'arrive trop tard. Entrant dans la salle mortuaire, je m'agenouille près de la couche funèbre, je prie avec ferveur puis, me relevant, je regarde longuement la défunte. Alors, d'une voix émue, je prononce ces quelques mots : « Ma fille, si en ce moment tu es en purgatoire pour quelques fautes à expier, je prends tout ça sur mes charges. Va-t'en au ciel, ma fille ! »

Vous étiez mère jusqu'au bout, même quand vos filles étaient mortes. Votre voyage était aussi sur le point de se terminer. Craigniez-vous la mort ?

Je ne craignais pas la mort, je la considérais comme étant une délivrance, un passage, l'occasion de m'unir à Dieu. C'est Dieu qui m'avait donné la vie ; il était maître de me l'ôter quand il lui plairait. Que son bon vouloir s'accomplisse dans ma mort, comme dans tous les instants de ma vie.

Je lui disais : « Mon Dieu, que ma mort vous adore; que l'acceptation volontaire, libre et pleine d'amour que j'en fais vous soit agréable. »

Les chemins de la vie éternelle

*Saint Jean nous rappelle cette grande vérité de notre foi : « Dieu nous donne la vie éternelle, et cette vie est dans son Fils » (*1 Jean 5, *11).*

Tous vos chemins, mère Marie-Léonie, conduisent à cette vie éternelle qui est dans le Christ. Depuis votre jeunesse, vous avez voulu suivre Jésus pas à pas, en compagnie de Marie et de Joseph. Mais à votre âge, votre démarche est plus ralentie, votre vue baisse beaucoup, vous craignez même d'être aveugle. Vous avez pris l'habitude de signer ainsi les lettres à vos filles : « Votre vieille mère en Jésus-Christ ». Vous aviez dit votre *Fiat*, l'heure approchait pour chanter votre *Magnificat*.

Les années passaient, le corps s'en ressentait. J'ai quand même eu la joie de commencer l'année 1912 en chantant avec mes filles ce cantique traditionnel, qui prenait alors pour moi tout son sens :

Mon Dieu, bénissez la nouvelle année :
rendez heureux nos parents, nos amis ;
elle est toute à Vous et nous est donnée
pour mériter le Paradis, pour mériter le Paradis !

Qui de nous peut compter combien d'instants encore,
pour conquérir le ciel, lui garde l'avenir?
Du nouvel an joyeux nous voyons bien l'aurore :
le verrons-nous finir? Le verrons-nous finir?

Non, vous ne verrez pas finir 1912. Mais dès ce mois de janvier, vous présidez à la vêture de 37 postulantes et à la profession de 20 novices. Au mois de mars, vous installez à l'Oratoire Saint-Joseph quatre de vos filles. C'est la quarantième mission que vous fondez. Puis vous visitez vos sœurs de Montréal, de Valleyfield et d'Ottawa. Est-ce que vous vous reposez de temps en temps?

Bien sûr, mais c'est surtout au ciel que je me reposerai. Avec saint Pierre, je disais bien souvent dans la journée et amoureusement : « Vous savez, Seigneur, que je vous aime; tout pour vous, mon Dieu, tout par amour pour vous. »

Vous aviez tout de même des moments de repos!

La prière me reposait, les temps de retraite aussi, comme ces trois jours en solitude au mois d'avril. Durant ce mois, j'ai eu la joie d'obtenir la permission de Mgr LaRocque de faire imprimer la Règle de la communauté. Le premier mai, après une marche au jardin, j'ai ressenti un peu de fatigue et j'ai dû m'asseoir avant de rentrer. C'était un simple malaise, de toute façon je pensais que je n'avais pas le temps de mourir. Le repos est pour le ciel, le combat pour la terre.

Étiez-vous malade ?

Ma santé avait toujours été déficiente. J'ai souffert de bronchites, d'ulcères d'estomac, de maux de gorge, de douleurs aux poumons et au foie. Sur la fin de ma vie, lorsque la maladie s'aggravait, mes filles faisaient violence au ciel pour obtenir mon retour à la santé. Un jour, je leur ai dit : « Je me suis toute donnée à la sainte Vierge, selon la doctrine de saint Louis de Montfort, et elle peut venir me chercher quand elle le voudra. Alors, faites attention, car je partirai si vite que vous n'aurez pas le temps de prier pour ma guérison. »

C'est ce qui est arrivé, et en plein mois de Marie !

Oui, le 3 mai. J'ai quitté subitement ce monde pour la maison du Père, sans préavis et sans séjour à l'infirmerie.

Votre mort a dû prendre tout le monde par surprise.

En effet. Ce matin-là, je m'étais levée comme à l'ordinaire, j'avais participé à l'eucharistie et pris le petit déjeuner avec toute la communauté. À neuf heures, j'avais présidé une réunion de mon conseil général et j'avais apposé ma signature à deux nouvelles missions, celles de l'archevêché et du séminaire de Saint-Boniface. Avec ma secrétaire, j'ai ensuite procédé à la correction définitive du livre des règles de la communauté.

Bref, une matinée comme les autres.

Oui, mais sur l'heure du dîner, j'ai semblé un peu plus fatiguée que de coutume, car mes compagnes m'ont alors conseillé d'aller prendre un peu de repos.

C'est ce que vous avez fait?

Oui. Et puis j'ai terminé la correction du livre des règles vers les trois heures de l'après-midi. Comme c'était le premier vendredi du mois et que le Saint-Sacrement était exposé, je me suis rendue à la chapelle pour un tête-à-tête amoureux avec mon Seigneur, comme j'en avais l'habitude depuis si longtemps. Après un bon moment d'adoration, je me suis rendue à l'infirmerie visiter les sœurs malades, comme je le faisais chaque jour. J'ai surtout parlé à une sœur qui avait été mise dans le plâtre pour dislocation de la colonne vertébrale. Je lui ai demandé si elle souffrait beaucoup, puis je me suis approchée d'elle et j'ai serré sa tête dans mes mains en lui disant : « Soyez toujours, toujours bonne! » Je lui ai fait mes adieux en ces termes, au moment de quitter la chambre : « Au revoir! Au ciel! »

Êtes-vous remontée à votre chambre?

Non, j'ai d'abord soupé avec mes sœurs. J'ai même demandé aux sœurs de ma table de faire le sacrifice de leur dessert pour que je le distribue aux postulantes, afin de leur faire plaisir. Après le repas, je suis remontée à ma chambre avec mes deux secrétaires. Elles ont remarqué chez moi une lassitude inhabituelle. L'une d'elles m'a dit que je n'aurais pas dû descendre au réfectoire, car les escaliers étaient trop fatigants ; le lendemain elles déjeuneraient avec moi dans ma chambre. J'ai répondu à cette suggestion par un petit air moqueur et je suis entrée dans ma chambre. On m'a suggéré de me reposer avant le salut du Saint-Sacrement de 19 h 30. Les deux sœurs m'ont alors aidée à me mettre au lit.

Avez-vous dormi ?

J'étais à peine couchée que les deux sœurs m'ont vue pâlir. Elles se sont hâtées de prévenir l'assistante et l'infirmière, qui se trouvaient tout proche, puis le chanoine Simard, notre aumônier. Celui-ci m'a donné l'absolution. Et pendant qu'il faisait les onctions, j'ai exhalé mon dernier soupir. Il était 18 h 20. Je suis morte neuf jours avant mes soixante-douze ans, l'âge de ma mère à son décès, et j'étais dans la cinquante-cinquième année de ma profession religieuse.

On peut dire que votre vie s'est écoulée entre deux contemplations eucharistiques, celle d'avant votre première communion et celle d'avant votre mort.

On peut dire cela.

Quelle belle mort ! Pas d'agonie ni de grandes souffrances, un simple abandon, comme un enfant s'endort sans crainte dans les bras de son père.

Tout a été si naturel et si serein que mes compagnes étaient stupéfaites. Elles ne voulaient pas croire que j'étais

Mère Marie-Léonie exposée dans la salle de la communauté (1912)

morte. Pourtant, je l'avais attendue, la mort, me préparant chaque jour à tout offrir au bon Dieu. J'avais déjà écrit un acte de résignation à la mort en offrande de suprême adoration. On a retrouvé la prière sur ma poitrine. Voici ce qu'on pouvait y lire :

Mourir, c'est la dernière chose que je pourrai vous offrir, mon Dieu. Peut-être n'aurais-je pas la connaissance ou la pleine possession de moi-même au moment où je voudrais vous exprimer ce que peut-être alors je ne pourrai vous dire. Je l'écris, ô mon Dieu, afin que vous m'en teniez compte à ce grand moment, en acceptant tous les sentiments que j'énonce ici comme si je les formulais à mon heure suprême. Je désire que ma mort soit l'acte de la plus parfaite adoration et de la plus humble soumission qu'une pauvre créature puisse rendre à son Créateur.

Oui, mon Dieu, que ma mort vous adore, que l'acceptation volontaire, libre et pleine d'amour que j'en fais vous soit agréable. Je veux mourir pour vous obéir et parce que vous êtes mort pour moi...

C'est très beau. Vous êtes morte comme vous avez vécu, dans un acte de parfait amour envers Dieu. Cela me rappelle l'acte d'offrande du bienheureux Jean-Paul II :

Seigneur, aujourd'hui même, tandis que je jouis de la possession de toutes mes facultés motrices et mentales, je T'offre à l'avance mon acceptation de ta sainte volonté, et dès maintenant je veux que si l'une ou l'autre de ces épreuves m'arrivait, elle puisse servir à ta gloire et au salut des âmes [...] *Si, un jour, la maladie devait envahir mon cerveau et anéantir ma lucidité, déjà, Seigneur, ma soumission est devant Toi et se poursuivra en une silencieuse adoration. Si, un jour, un état d'inconscience prolongée devait me terrasser, je veux que chacune de ces heures que j'aurai à vivre soit une suite ininterrompue d'actions de grâce et que mon dernier soupir soit aussi un soupir d'amour. Mon âme, guidée à cet instant par la main de Marie, se présentera devant Toi pour chanter tes louanges éternellement. Amen.*

J'avais souvent l'habitude de dire à mes sœurs que la vie était courte. Que nous restait-il au déclin de nos jours ? Rien, si ce n'était nos œuvres, bonnes ou mauvaises, lesquelles étaient méritoires devant Dieu, pourvu qu'elles soient faites pour lui. « Que servait à l'homme de gagner l'Univers, s'il venait à perdre son âme! » Aussi j'exhortais mes filles à être de bonnes religieuses, afin que si la mort venait à nous surprendre nous soyons prêtes à mourir. De toute façon, je les avais prévenues, je leur avais dit un jour : « Le bon Dieu vous jouera un tour. »

La douleur a été bien grande parmi vos filles, mais votre mort a été pour elles l'occasion de manifester leur grande tendresse envers vous. Le soir du décès, votre dépouille a été exposée en chapelle ardente à la salle de la communauté. Pendant toute la nuit et les jours qui ont suivi, les sœurs se sont succédé auprès de votre dépouille, priant et pleurant, tout en ayant la conviction que vous étiez déjà au ciel.

Mes Petites Sœurs n'étaient pas les seules à me pleurer. On venait d'un peu partout. On me prenait pour une sainte.

***Vox populi vox Dei.* La foi du peuple se trompe rarement quand elle reconnaît la sainteté de l'un des siens.**

Des gens touchaient ma dépouille avec des chapelets ou des médailles, qu'ils emportaient ensuite comme autant de souvenirs précieux.

Puis vos funérailles ont été célébrées.

Le premier service funèbre, présidé par Mgr LaRocque, a eu lieu le 6 mai, en la chapelle de la maison-mère. C'était mon adieu à mon cher couvent. À ma mort, le nombre de religieuses était de 448 et celui des novices et postulantes, de 187.

Première messe funèbre, chapelle de la Maison-Mère, rue Marquette (6 mai 1912)

Puis il y a eu une cérémonie grandiose dans la cathédrale Saint-Michel de Sherbrooke.

C'était le lendemain. J'étais bien contente de voir, à côté des grands de ce monde, des petits, des humbles. À la fin, le corbillard, suivi de la multitude des amis de la communauté, s'est dirigé vers le cimetière Saint-Michel, où mes restes ont été déposés dans l'enclos réservé aux Petites Sœurs de la Sainte-Famille, près de celui des prêtres de l'évêché et du séminaire. Mais comme je jouissais déjà d'une réputation de sainteté et qu'on espérait un jour ma glorification solennelle, Mgr LaRocque a tenu à ce que ma

Cortège funèbre après les funérailles à la Cathédrale Saint-Michel (7 mai 1912)

sépulture soit un peu spéciale : on m'a inhumée dans une tombe d'acier, dûment scellée.

Plusieurs évêques étaient présents à vos funérailles. L'un d'entre eux, Mgr Joseph-Médard Émard, alors évêque de Valleyfield, a donné ce témoignage très éloquent :

J'ai vu, ce matin, le convoi funèbre accompagnant la dépouille mortelle, qui était certainement celle d'une grande sainte. Quel triomphe ! Jamais nous n'avions vu si grande démonstration dans la ville de Sherbrooke. Je m'en retourne meilleur après avoir assisté à une pareille exaltation de l'humilité. L'occasion nous est souvent donnée, comme évêques, de prendre part à des cérémonies diverses... Or, celle de ce matin a laissé dans mon cœur une impression, un souvenir qui ne s'effaceront jamais, non jamais, de ma mémoire... Je ne l'avais vue que deux ou trois fois de son vivant, mais cela avait suffi... Mère Léonie est partie; elle n'est pas morte, car les saints ne meurent pas.

C'est au moment du décès qu'on voit bien toutes choses. Il ne reste plus que la beauté de notre espérance chrétienne. Un jour, j'avais fait cette prière :

Mon Dieu, qui nous avez permis les espoirs humains, mais qui seul donnez l'espérance chrétienne et surnaturelle, accordez, je vous en supplie, par votre grâce, cette vertu à mon âme, à toutes les âmes qui me sont chères et à celles de tous les chrétiens. Faites qu'elle illumine et transforme pour nous la vie, la souffrance et la mort même... Et qu'elle nous conserve, à travers les déceptions et les tristesses de chaque jour, une force intime et une inaltérable sérénité.

En quittant ce monde, vous laissiez derrière vous une œuvre en pleine expansion. En 1935, en raison des nouveaux besoins, les Petites Sœurs de la Sainte-Famille ont décidé d'ouvrir un nouveau cimetière pour la communauté, près de leur maison-mère. En 1937, un calvaire sera ajouté et, autour de celui-ci, sont inhumées les supérieures générales. Le même type de pierre tombale est utilisé pour toutes les sœurs : une pierre blanche, modeste, sur laquelle on inscrit le nom de la religieuse. Mille soixante-dix-neuf sœurs seront inhumées dans ce cimetière. Il y en aura un nouveau en 2009.

Épitaphe de Mère Marie-Léonie dans le lot des Petites Sœurs de la Sainte-Famille au cimetière Saint-Michel, Sherbrooke

En 1935, on a fait exhumer du cimetière Saint-Michel de Sherbrooke les restes des religieuses qui y avaient été enterrées depuis 1895. On a fait l'exhumation de ce qui restait de votre corps en présence de quatre prêtres, de deux médecins et de plusieurs Petites Sœurs. On a retrouvé votre squelette complet conservé intact, vingt-trois ans après votre mort. On a aussi trouvé votre cœur, qui avait tant aimé Dieu et le monde. Il était là, presque sans corruption, comme l'indiquera le certificat officiel de votre exhumation. On l'a déposé dans un bocal de verre scellé. Une fois faite la restauration du corps, celui-ci a été placé dans un cercueil en acier, fini bronze, ensuite fermé hermétiquement par un couvercle vitré dans toute sa surface, scellé aux quatre coins du sceau de l'Évêché de Sherbrooke. On a ainsi transporté votre corps à la maison-mère. Beaucoup viendront vous visiter, vous prier, obtenant des faveurs et des guérisons grâce à votre intercession.

À partir de 1960, votre communauté va se répandre en Amérique centrale, soit au Honduras et au Guatemala. L'Église reconnaîtra votre sainteté en vous déclarant « vénérable » le 31 janvier 1981, puis « bienheureuse » le 11 septembre 1984. Reste la canonisation. Mais tout cela relève de votre vie posthume. J'y reviendrai. Pour le moment, j'aimerais continuer à m'entretenir avec vous sur la spiritualité et les vertus qui vous animaient et qui inspirent encore vos Petites Sœurs ainsi que vos amis. Cent ans après votre mort, vous restez toujours vivante à travers eux et elles.

Les chemins de la foi

Le poète Patrice de La Tour du Pin a écrit : « Tout homme est une histoire sacrée. » Mère Marie-Léonie, nous avons brièvement parcouru les chemins de votre vie terrestre, de votre histoire sainte. Le monde très pauvre et peu scolarisé qui fut le vôtre n'est plus du tout ce qu'il était, mais la nature humaine reste au fond la même. Je voudrais maintenant aborder les chemins de votre vie intérieure, les valeurs qui peuvent nous guider encore aujourd'hui. Certes, toute personne qui meurt emporte avec elle un manuscrit secret, une part d'ineffable, qui est le mystère de son être profond. Pour les chrétiens, ce n'est qu'au ciel que tout sera dévoilé dans la lumière et qu'on se connaîtra totalement dans l'amour du Père, du Fils et de l'Esprit.

Jamais la terre ne pourra remplir complètement notre cœur. Nous sommes faits pour Dieu. J'ai mis ma foi et ma confiance en sa paternelle bonté, et je n'ai jamais été déçue. Tout passe ici-bas, Dieu seul suffit. Que de fois n'ai-je pas dit au fond de mon cœur, surtout dans les moments plus difficiles : « Vous seul me suffisez, mon Dieu ! »

Vos propos me rappellent ce poème qu'on avait retrouvé dans le bréviaire de sainte Thérèse d'Avila, décédée en octobre 1582 :

Que rien ne te trouble,
que rien ne t'effraie ;
tout passe.
Dieu ne change pas,
la patience obtient tout ;
celui qui a Dieu ne manque de rien.
Dieu seul suffit.

C'est l'essentiel. Oui, Dieu seul suffit. L'aimer de tout son être et aimer son prochain, n'est-ce pas ce que la Bible nous enseigne ?

Cet amour se traduit par une foi en soi, en les autres et en Dieu. Il se manifeste par l'humble service d'un cœur simple qui se donne sans détour. Mère Teresa disait que le bonheur, c'est se donner.

Il n'y a pas de bonheur possible sur la terre sans la charité et l'humilité. C'est notre orgueil froissé qui cause tous nos chagrins et nous fait verser tant de larmes. Il faut une vision de foi et une vie de prière profonde.

Je consacrerai les prochains chapitres à ces valeurs de bonté et d'humilité qui sont au cœur de votre vie et de votre spiritualité. Je veux surtout revenir à la foi profonde que vous aviez, une foi à transporter les montagnes et qui transpirait dans tous vos actes.

C'est l'esprit de foi qui faisait toute ma force.

On le constate en lisant votre correspondance, surtout adressée à vos filles spirituelles.

Ma foi venait de la présence de Dieu que je sentais en moi. Il a toujours eu la première place dans ma vie. J'étais convaincue que l'âme qui ne perdait pas la présence de Dieu en elle avait trouvé un trésor que personne ne pouvait lui ravir.

Que de gens cherchent ce trésor à l'extérieur d'eux ! Trop peu descendent dans leur cœur, ou leur âme, pour le trouver. Tant de divertissements aujourd'hui nous empêchent d'habiter notre cœur ! « Et là où est ton trésor, là aussi est ton cœur. » Dieu était votre trésor.

Il a été le grand amour de ma vie. Je me recueillais souvent en son mystère, m'unissant à lui avec amour. Je pouvais tout lui demander, j'étais certaine d'être exaucée. Je disais souvent : « Dieu y pourvoira. » Ma foi en Dieu était le fondement de ma prière et de ma spiritualité, elle me conduisait dans les profondeurs de l'âme, là où Dieu demeure. C'est en cherchant Dieu partout et en tout que nous avons le bonheur.

Je consacrerai aussi un chapitre sur l'importance de la prière dans votre vie. Vous disiez également : « Tout pour Dieu, rien pour nous. » Mais qui était Dieu pour vous ?

Dieu était pour moi ce que l'Église en disait. Ce que j'avais appris de mes parents, des sœurs de la Congrégation Notre-Dame et de Sainte-Croix, des prêtres, de la liturgie, des livres de piété que je lisais, surtout *L'Imitation de Jésus-Christ*. Par contre, il n'était pas quelque chose d'intellectuel, mais Quelqu'un qui était présent en moi, que je rencontrais dans la foi et à qui je voulais faire plaisir. Je disais à mes sœurs : « Faisons bien toutes choses pour le bon plaisir de Dieu, toujours avec la plus grande pureté d'intention. »

À votre époque, on présentait souvent Dieu comme un juge vengeur qui comptabilisait les péchés et qui nous surveillait pour nous prendre en défaut. On le voyait comme un être lointain et indifférent à nos misères. Ce n'était pas du tout l'expérience que vous aviez.

Je vivais toujours dans les bras de Dieu, c'était lui qui me conduisait. Je ne me sentais pas le courage de l'envisager comme un juge. J'ai toujours vu Dieu comme un bon Père qui savait mieux que personne ce qu'il nous fallait. Je m'abandonnais à lui avec confiance dans la foi d'une enfant qui se sait aimée. Je voulais ce qu'il voulait. C'était mon tourment et mon bonheur : faire toujours sa volonté. Ce désir de soumission à sa volonté a été un immense cadeau de sa part envers moi. J'insistais souvent pour rechercher en tout la plus grande gloire de Dieu.

Cette attitude me rappelle celle de saint Ignace de Loyola et des jésuites : tout pour la gloire de Dieu, en étant disponibles à sa volonté. Ainsi, vous n'étiez pas trop inquiète de l'avenir.

J'étais là où me voulait son amour. Mais je souffrais de ne pas l'aimer comme lui m'aime. Cette peine, je l'ai exprimée ainsi le 3 novembre 1901 : « Mon Doux Jésus, vous le savez, mon plus grand chagrin, c'est de ne pas vous aimer à tous les instants du jour et de la nuit, vous si bon pour moi et si compatissant. » Je voulais que toutes les palpitations de mon cœur à chaque instant de ma vie soient pour lui des actes d'amour.

Comme tous les mystiques et les témoins du Christ, vous étiez vraiment une amoureuse de Dieu. Mais était-il le Père, ou Jésus, ou l'Esprit ?

Les trois, bien sûr ! Dieu, c'est la Trinité. J'enseignais même aux sœurs à faire le signe de la croix en disant : « Au nom du Père *qui m'a créée*, du Fils *qui m'a rachetée*, et du Saint-Esprit *qui m'a sanctifiée.* » J'avais horreur qu'on fasse le signe de la croix comme si on chassait des mouches. Ce n'était pas une simple formule qu'on répétait, mais une affirmation de notre amour, une rencontre avec Dieu.

Votre expérience de Dieu rejoint celle que plusieurs d'entre nous font aujourd'hui. Vous avez bien saisi que « Dieu est amour », comme nous le rappelle saint Jean.

Oui, et nous l'oublions si facilement ! Le bon Dieu ne peut être que miséricorde et providence. Il ne se laisse jamais surpasser en générosité. Que l'on est bien avec lui! Parfois, les soucis d'affaires qui ne vont pas au gré de nos désirs peuvent bien faire passer sur nous un nuage sombre : ils ne font qu'effleurer notre visage. La pensée que nous sommes entre les mains du bon Dieu nous ramène cette douce quiétude, fruit de la conviction que Celui qui prend soin des petits oiseaux du ciel saura bien nous soulager en son temps, si nos affaires de là-haut sont en ordre. Et, de fait, au moment où nous y pensons le moins, tout tourne pour le mieux.

Ce Dieu d'amour, notre Père plein de tendresse et de miséricorde qui chérit l'enfant prodigue et sauve le bon larron, c'est Jésus qui nous l'a fait connaître.

Jésus a été tout pour moi. Je lui ai donné ma vie quand j'étais jeune et j'ai eu la grâce de pouvoir le servir en servant les prêtres. Il a été la vie même de ma vie. Il a été au centre de mon expérience humaine et spirituelle. Cet extrait d'une lettre que j'ai écrite le 12 mars 1898 à sœur Marie-des-Chérubins exprime bien l'intimité que je partageais avec Jésus :

N'est-ce pas, chère enfant, qu'il fait bon le soir de s'endormir amoureusement dans les bras de Jésus, après l'avoir aimé toute la journée? Que l'on dort bien... Aimez-le toujours bien et, pour lui en donner des preuves, appliquez-vous à la pratique de toutes les vertus de votre sainte vocation : la charité, l'humilité, l'obéissance, l'amabilité et l'obligeance vis-à-vis de vos compagnes. Offrez bien tout ce que vous

Sculpture du lavement des pieds par M. André Pelletier, St-Jean-Port-Joli – Page d'évangile illustrant notre charisme de service *avez à souffrir pour la conversion des pécheurs et en union avec Jésus.*

Cet attachement à Jésus s'est traduit par une grande dévotion à son humanité, à son eucharistie, à son Sacré-Cœur, à la Sainte Famille, aux saints. En cela, vous étiez tributaire de ce qu'on a appelé l'« École française de spiritualité », avec Bérulle, Olier, François de Sales, Jean Eudes, Vincent de Paul, spiritualité qui a marqué la Nouvelle-France.

Je voulais que les Petites Sœurs de la Sainte-Famille se laissent configurer au Christ serviteur, pour participer à sa vie et à sa mission.

Tout passait par Jésus.

Je voyais en Jésus des preuves de l'amour du Père qui avait tant aimé le monde. J'aimais toutes les fêtes où l'on célébrait les mystères du Fils de Dieu, surtout Noël et Pâques. Y a-t-il quelque chose de plus beau que Jésus dans la crèche ou sur la croix? J'y voyais tout l'amour de Dieu et j'en pleurais de reconnaissance.

On sent bien ici l'influence de votre formation chez les Sœurs de Sainte-Croix.

Je méditais souvent les souffrances de la Passion de Notre-Seigneur, surtout durant le carême et pendant la Semaine Sainte. J'y voyais un modèle et un secours pour supporter mes propres croix. Je disais souvent aux sœurs de porter leurs croix, non de les traîner : « On ne vient pas en communauté pour chercher ses aises, mais pour se dévouer au service de Dieu. »

Et comment cet amour de la croix s'exprimait-il ?

Par le don total de moi-même, mais aussi par l'exercice du chemin de la croix, que je faisais à genoux et souvent les bras en croix. C'est par amour et librement que Jésus a souffert pour nous sauver. Cette vérité de ma foi me donnait une énergie nouvelle pour travailler au service du Maître. Je regardais souvent le crucifix que je portais sur la poitrine. Cela aussi me parlait d'amour.

Cet amour de la croix vous donnait-il un plus grand amour de la messe ?

La sainte messe était le trésor de mes dévotions, le grand mystère de la foi. Elle actualisait le salut du Christ pour nous ; c'était la Passion de Notre-Seigneur, comme si j'étais au Calvaire. Je tenais tellement à communier, c'était le ciel sur la terre. La communion était le grand ressort qui donnait de l'élan, de la joie, de la force à toute âme qui vivait dans une communauté.

Et qu'en était-il de la Résurrection ?

Depuis mon enfance, j'avais un grand amour pour Jésus présent dans le Saint-Sacrement. C'est parce qu'il est ressuscité que je le sentais vivant. Je l'appelais « l'hôte du tabernacle » et je passais de longs moments en sa compagnie, même durant la nuit.

Vous vous sentiez attirée par Jésus présent au tabernacle ?

Ma foi se vivifiait à ce contact. Je m'agenouillais, les mains jointes, et je priais de longues heures en fixant le tabernacle. Jésus m'attendait pour me partager ses secrets. C'était vraiment une grande grâce que d'avoir le Saint-Sacrement dans nos maisons.

Votre foi se manifestait aussi par une grande dévotion au Sacré-Cœur, qui était très populaire en votre temps.

J'exhortais ainsi les sœurs : « Priez, priez souvent le Sacré-Cœur. On obtient tout par lui, quand on le prie avec ferveur. » Ce cœur si doux et humble résumait tout l'amour de Dieu pour nous. Je me tenais en adoration devant ce cœur percé par la lance du soldat, surtout le premier vendredi du mois, à l'exemple de Notre-Dame des douleurs. Je m'étais d'ailleurs consacrée au Sacré-Cœur. J'invitais mes sœurs à adresser souvent des invocations au Sacré-Cœur, comme celle-ci : « Doux Cœur de Jésus, soyez mon amour. Jésus doux et humble de cœur, rendez mon cœur semblable au vôtre. »

On a parlé de votre amour pour le Père et le Fils, qu'en était-il du Saint-Esprit ?

On en parlait peu à l'époque. Je le priais souvent avant de prendre des décisions. Je crois qu'il rayonnait à l'intérieur de moi et que sa lumière me guidait. Dans une lettre du 17 juin 1905, j'avais écrit : « Nous avons grand besoin de la lumière de la "grosse lampe" du Saint-Esprit, surtout quand vient le temps de la retraite annuelle… il est bien nécessaire, n'est-ce pas, que le Saint-Esprit mette sa grosse mèche à sa lampe afin qu'elle nous éclaire bien sur ce que nous avons à faire. »

On voit bien que vous croyez aux vérités de la foi chrétienne, non seulement avec la tête, mais surtout avec votre cœur. Si vous étiez amoureuse de la Trinité, vous étiez aussi beaucoup attachée à la Sainte Famille, cette chère « Trinité de la terre », comme vous l'appeliez. Le frère André disait aussi : « Jésus, Marie, Joseph, c'est la Trinité terrestre. Elle rappelle celle du ciel. »

Jésus, Marie, Joseph, j'aime ces noms plus que ma vie. « Gloire à Jésus ! Amour à Marie ! Confiance en Joseph ! » comme on disait alors chez les Marianites.

Cette dévotion envers la Sainte Famille était très courante en votre temps. Elle avait été apportée en Nouvelle-France par les premiers missionnaires. Plusieurs paroisses portaient le nom de Sainte-Famille, et rares étaient les foyers où l'on ne trouvait pas l'image de la Sainte Famille. Le père Moreau, fondateur de Sainte-Croix, avait lui aussi une grande dévotion envers la Sainte Famille. Sa congrégation comprenait trois branches : celle des pères (appelés aussi salvatoristes), celle des frères (joséphites) et celle des sœurs (marianites).

C'était la vie cachée de service et de travail qui m'attirait chez la Sainte Famille. Une vie humblement vécue sous le regard de Dieu que l'on devrait imiter.

Vous avez quand même apporté votre touche personnelle en nommant votre institut « Petites Sœurs de la Sainte-Famille ».

Je découvrais dans le « premier Nazareth », celui de Jésus, de Marie et de Joseph, des vertus qui seraient à la base de ma vie spirituelle et de celle de mes filles : la piété, le dévouement, l'humilité, la pauvreté, le renoncement, le silence, le travail et l'effacement. Je voulais reproduire ce premier Nazareth dans les maisons que je fondais. Au cœur, il y avait le prêtre qui continuait Jésus ; à son service, les sœurs, à l'exemple de Joseph et de Marie. L'institut était dédié à la Sainte Famille et mis sous sa protection, car j'avais une confiance illimitée en elle.

Avez-vous des exemples ?

En 1906, je songeais à construire une nouvelle chapelle, alors j'ai fait un contrat avec la Sainte Famille. J'avais même choisi saint Joseph comme architecte. J'avais promis de placer la statue de la Sainte Famille sur la façade principale de la chapelle. Tout s'est déroulé comme prévu. À une sœur qui devait assumer l'intérim à la cuisine et qui se trouvait bien désemparée, j'ai écrit : « Mettez, tous les matins, en vous levant, votre cuisine sous la protection de la Sainte Famille et tout ira bien. »

Cela montre bien que vous avez une foi à transporter les montagnes. Il n'y a rien de magique ici, seulement de la confiance et de l'amour.

J'avais une grande confiance en saint Joseph comme patron de la vie intérieure, protecteur de notre communauté et même architecte de notre nouvelle chapelle. En effet, l'architecte, qui s'était rendu en Europe pour un autre engagement, était revenu. Je lui ai demandé ce qu'il en pensait si je plaçais un architecte au-dessus de lui. Il ne me faisait pas grande mine ; mais aussitôt que je lui ai dit que le premier architecte, c'était le bon saint Joseph, sa figure s'est remise et il a dit en souriant : « Ah! C'est bien, nous ne nous chicanerons pas, tous les deux. » On pouvait tout confier à saint Joseph. Un jour, j'ai écrit à une sœur : « Vous avez bien fait de téléphoner au frère André, il a une si grande confiance en saint Joseph que vraiment, ce grand saint et bon père saint Joseph fait des choses extraordinaires pour récompenser notre humble foi. »

Vous aviez aussi une grande dévotion à sainte Anne.

J'ai fait plusieurs pèlerinages à Sainte-Anne de Beaupré. Cela m'aidait à vivre la perfection de l'amour, selon la parole de Jésus : « Soyez parfaits comme votre Père céleste est parfait » (*Matthieu* 5, 48). Tous et toutes peuvent vivre cet idéal : les époux, les pères et mères de famille, les célibataires, les religieux et religieuses, les prêtres. Sainte Anne avait été mariée. Moi, j'avais choisi la vie religieuse en vivant avec Jésus l'obéissance, la pauvreté et la chasteté. Je ne l'ai jamais regretté.

Les chemins de la bonté

Quand le Seigneur appelle une personne, il la prend avec tout ce qu'elle est. Sa grâce épouse la nature et fait fructifier les talents pour son désir de salut envers tous. Vous aviez déjà en vous, mère Marie-Léonie, des dons naturels comme la piété, la simplicité, le souci de l'autre, la soif de Dieu, la bonté. C'est cette bonté du cœur qui, il me semble, vous caractérise le plus, avec l'esprit d'humilité.

Les deux sont essentielles. Par son exemple, Jésus n'a cessé de nous prêcher la charité et l'humilité. Dieu si grand qui se fait si petit, et nous si petites créatures qui nous faisons si grandes! Renversement qui doit nous humilier. La bonté qui est au fond de notre cœur prend sa source en Dieu, qui s'est manifesté en Jésus.

Mgr LaRocque a dit de vous que vous étiez une femme « toute de cœur ». Pour le père Angelo Mitri, postulateur de votre cause, vous méritiez le titre de « sainte de la charité ». Vous teniez cette bonté de vos parents, mais surtout de Jésus, à qui vous avez donné votre vie. Cette parole de saint Jean vous va comme un gant : « Voici à quoi nous avons reconnu l'amour : lui, Jésus, a donné sa vie pour nous. Nous aussi, nous devons donner notre vie pour nos frères. Celui qui a de quoi vivre en ce monde, s'il voit son frère dans le besoin sans se laisser

attendrir, comment l'amour de Dieu pourrait-il demeurer en lui ? » (1 *Jean* 3, 16-17)

Avec la bonté, on ne manque jamais son coup. Je redisais sans cesse aux Petites Sœurs que notre œuvre principale était la charité. Avec la bonne volonté et surtout l'aide de Dieu, tout va bien. Je n'ai jamais été capable d'être indifférente devant une personne dans le besoin. Il ne fallait pas seulement être bonne en paroles, mais aussi en actes et en vérité. J'étais heureuse de donner, c'était là un besoin de mon cœur. La main à l'œuvre, le cœur à Dieu.

Nous l'avons vu déjà durant votre préparation à la première communion, alors que vous partagiez votre repas avec un plus pauvre. Nous l'avons vu aussi avec les jeunes orphelines à New York. Ce sens de l'autre a été une constance dans votre vie. L'abbé Goyette vous a même nommée « la mère de tous les nécessiteux ».

Les mendiants qui se présentaient au parloir à Sherbrooke n'étaient jamais refusés. Ma réputation était telle que les policiers et les chefs de train avaient pris l'habitude de m'envoyer les mal-pris qu'ils rencontraient. C'est ainsi qu'on m'a amené un jour une famille tout entière. Le papa était allé tenter sa chance aux États-Unis, croyant y trouver du travail pour faire vivre les siens. Mais il n'avait malheureusement rien trouvé et avait dû revenir au pays. En route pour Trois-Rivières, il s'était arrêté à Sherbrooke, en quête de nourriture pour ses enfants. On l'a conduit vers moi. Je me suis empressée de leur faire servir un bon repas, de leur préparer un panier de provisions et de payer les coûts du voyage en train jusqu'à leur destination. Une autre fois, une pauvresse est arrivée, un soir, avec ses cinq enfants. Je leur ai donné l'hospitalité pour la nuit et, le lendemain, j'ai acheté les billets pour le train et j'ai transféré les bagages à destination de Coaticook.

Vous étiez comme le bon Samaritain.

C'est Jésus que je voyais dans tout mal-pris qui croisait ma route ; je m'empressais donc de lui porter assistance. L'amour de Dieu, vrai, sincère, fort et généreux est inséparablement lié à l'amour du prochain. À Noël, par exemple, j'aimais qu'on me prépare une belle table, comme si j'attendais des personnages éminents. J'arrivais alors avec un vieillard, une dame assez âgée et un orphelin, tous trois de l'Hospice du Sacré-Cœur. Ce trio représentait la Sainte Famille. J'accompagnais ces trois pauvres à la table et je désirais qu'ils soient servis honorablement. Jésus, Marie et Joseph devaient bien sourire à tant de naïveté.

« Ce que vous avez fait au plus petit d'entre les miens, c'est à moi que vous l'avez fait », comme le dit Jésus au chapitre 25 de saint Matthieu.

En 1908, il y a eu une grande sécheresse, et les incendies de forêt faisaient de grands ravages. Je prenais tout le monde en pitié, mais surtout les pauvres. J'ai dit aux sœurs : « Le bon Dieu veut que nous fassions des mortifications pour apaiser le feu. Nous allons supprimer sur nos tables le sucre, le beurre et le dessert, puis nous chanterons le *Parce Domine* les bras en croix, après le dîner et le souper, tant que nous n'aurons pas de la pluie pour éteindre le feu. » J'ai été exaucée. Un ou deux jours après, le feu avait cessé.

Vous vouliez soulager toutes les misères physiques, et en même temps vous aspiriez pour vous-même à la pauvreté.

Pour devenir de véritables pauvres, il fallait commencer par apporter une grande attention aux petites choses. Lors de mes multiples déplacements pour rendre visite à mes sœurs, je choisissais une voiture plus modeste pour faire gagner quelques sous à un charretier qui paraissait moins à l'aise que les autres. À Memramcook, après la mort du père Lefebvre, quand on a voulu honorer sa mémoire par un monument, j'ai écrit au responsable du projet et lui ai plutôt proposé d'ouvrir une maison pour les pauvres. Ce serait un monument vivant qui, tout en exprimant le filial attachement des Acadiens à la personne vénérée du père Lefebvre, perpétuerait sa grande charité, vertu par excellence chez cet homme. J'ai même offert mille dollars pour ce projet, mais ma suggestion n'a pas été retenue.

Vous avez également aidé plusieurs communautés religieuses féminines.

Nous avons servi les premiers repas aux Adoratrices du Précieux-Sang, qui sont arrivées de Saint-Hyacinthe pour s'établir à Sherbrooke. J'ai fait réparer, à mes frais, leur système de chauffage. Nous avons aussi aidé, en les nourrissant, les soignant et les hébergeant, les Filles de la Charité du Sacré-Cœur, les Cisterciennes de Bonneval et les Clarisses Colettines, communautés expulsées de France par la loi Combes. Un jour, une sœur Grise était venue me quêter une simple tartine. Je lui ai donné non seulement un abondant goûter, mais même la paire de souliers tout neufs que je venais de recevoir.

Vous étiez vraiment une femme fraternelle pour tous.

Oui, pour tous, même si j'avais un penchant pour les pauvres et les malades. J'avais une bonne figure épanouie qui rendait tout le monde très à l'aise. Mon teint clair, mes yeux profonds et, surtout, mon sourire attiraient facilement.

Cette charité, vous vouliez d'abord qu'on la pratique entre vous, en communauté ; c'est ce que vous appeliez « la politesse religieuse ».

Pratiquer la politesse religieuse, cela voulait dire : se rendre service aimablement, pratiquer l'indulgence, être prévenantes, savoir oublier les torts du prochain, ne pas relever ses bévues. En un mot, la politesse religieuse, c'était la vertu de charité. Ainsi, une sœur s'impatientait, elle adressait des mots durs, piquants… Je disais : « Ne faisons pas connaître aux autres ces moments de faiblesse, et le bon Dieu nous aidera nous-mêmes en de semblables circonstances. »

Cette vertu va surtout rayonner pour les prêtres, en les aidant à votre manière dans leur apostolat.

J'exhortais mes sœurs à ne jamais oublier qu'elles remplissaient auprès d'eux les fonctions dont s'acquittaient les saintes femmes de l'Évangile auprès de notre Seigneur. C'est lui que l'on servait dans les prêtres. Ils avaient bien besoin de nos prières. À la manière de saint Vincent de Paul, je disais aux sœurs : « Si un prêtre vous demande quelque chose, laissez tout, même vos prières, le devoir avant tout, parce que vous laissez Dieu pour Dieu. » Il n'y avait rien de petit dans le service du prêtre. Pour moi, il représentait le Christ sur la terre; c'est lui qui donnait la paix à nos âmes.

Vous aviez saisi l'essence même du sacerdoce presbytéral. Mais avec votre sens pratique et votre bon jugement, vous saviez que ces hommes n'étaient pas sans défauts et qu'ils pouvaient être faibles.

Lors d'une instruction que je donnais à mes sœurs de Lévis, je leur ai dit :

Mes chères sœurs, soyez bien respectueuses et reconnaissantes pour les prêtres. C'est le prêtre qui vous a faites enfants de Dieu et de l'Église, qui vous a donné la première absolution, qui vous a donné pour la première fois la sainte eucharistie, qui vous a donné de bons conseils et avis, et a décidé de votre vocation. Au jour de votre profession, c'est lui encore qui a reçu vos vœux, et c'est toujours lui qui, au dernier jour de votre vie, viendra vous porter l'extrême-onction et donc, en un mot, vous ouvrir les portes du ciel. C'est toujours lui qui sera là pour vous conduire à votre dernière demeure et donner une dernière bénédiction sur votre cercueil avant de le descendre dans la fosse. Mes enfants, c'est seulement au ciel que nous connaîtrons la grandeur du prêtre et tout ce qu'il a fait pour nous. Donc, priez pour lui à tous les jours, vous le lui devez. Si j'entendais une de vous dire un seul mot contre le prêtre, j'en aurais beaucoup de peine.

On croirait entendre le saint curé d'Ars, qui était aussi votre contemporain, puisqu'il est mort en 1859. Il disait lui-même que le prêtre tenait la place de Dieu.

Si j'aimais tant le prêtre, c'est parce que j'aimais beaucoup le Christ. En fondant les Petites Sœurs de la Sainte-Famille, je me consacrais totalement au service de Dieu et de son Royaume. J'ai aidé plusieurs séminaristes à payer leurs études, je leur ai fourni des vêtements, des livres et des remèdes.

Vous étiez tellement reconnaissante que le prêtre ait ce pouvoir de pardonner les péchés.

C'était le Christ qui, par le prêtre, me pardonnait. Qu'il soit jeune ou vieux, qu'importe, j'allais à lui comme si c'était le Christ. Un jour, alors que je me trouvais à l'évêché de Valleyfield pour visiter mes filles, j'ai demandé un prêtre pour me confesser. Quand je suis revenue, un peu plus tard, dans la salle commune, j'étais toute rayonnante et je répétais : « On tombe et on se relève... on tombe et on se relève... on tombe et on se relève. »

Une vraie thérapie de l'âme! Vous aviez d'ailleurs une grande soif des âmes. C'était une autre manière d'exercer votre bonté et de vivre votre sacerdoce baptismal, qui devait être mis en lumière par le concile Vatican II.

Lorsque j'ai appris le désastre du Titanic en avril 1912 avec ses 1 500 personnes à bord, je suis devenue pâle, je me suis croisé les mains en me demandant si ces âmes étaient toutes prêtes à paraître devant Dieu. Je ne voulais pas qu'une seule âme se perde.

Vous étiez un véritable apôtre.

Lorsque j'étais à Memramcook, je m'étais beaucoup intéressée à un prisonnier condamné à mort qui ne voulait pas se convertir. Le jour de la pendaison, le père Cormier a téléphoné pour annoncer l'heure fatale. J'ai fait sonner la cloche et j'ai réuni les sœurs à la chapelle, même les cuisinières, pour obtenir à cette pauvre âme les grâces nécessaires en une si triste circonstance. Il y a eu aussi madame Angéla Roussille. C'est Mgr LaRocque qui me l'avait confiée. Elle allait vivre plus de trente-huit ans avec les Petites Sœurs.

Qui était-elle?

C'était une femme éprouvée dès la naissance, et que la vie avait particulièrement malmenée. Cette femme brisée par la vie, et de surcroît sans foi, je l'ai accueillie avec

Madame Angéla Roussille

charité comme pensionnaire dans mon couvent ! J'ai mis une chambre à sa disposition et affecté une Petite Sœur à son service exclusif. Les premiers temps n'ont pas été faciles, tant elle était colérique. Avec la patience et l'amour, je suis parvenue à sauver madame Roussille. Elle s'est mise à prier, a accepté peu à peu son infirmité et a changé totalement. Elle a pu dire : « Que Dieu a été bon pour moi ; il m'a retiré, c'est vrai, la lumière du corps, mais c'était pour me donner surabondamment celle de l'âme. »

Avez-vous un autre fait qui témoigne de votre bonté ?

Un jour de 1909, deux Sœurs Blanches missionnaires d'Afrique sont venues frapper à la porte de notre maison-mère. Je les ai reçues très cordialement et je leur ai offert une aumône pour leurs missions : 20 $, soit la somme requise pour le rachat d'un enfant infidèle. Cette offrande a servi au rachat d'une jeune musulmane de Kabylie : Aïni Boudarène. À cette époque, le rachat était la condition préalable au baptême et à l'éducation chrétienne d'une jeune musulmane. Rachetée à ses parents, la petite est alors passée sous la direction exclusive des Sœurs Blanches. Le 15 décembre 1910, la jeune fille m'annonçait avec joie qu'elle serait baptisée à la fête de Noël. Elle a changé son nom Aïni pour le mien. Quelque temps après, elle a repris contact avec moi pour m'annoncer son mariage prochain avec un chrétien de sa tribu : Jean-Marie Dahmar. Après ma mort, les époux ont continué leur route. Ils ont eu plusieurs enfants, dont leur quatrième, prénommé Georges, qui est entré au Séminaire d'Alger vers 1930. En 1947, Marie-Léonie Boudarène-Dahmar, alors âgée de cinquante et un ans, a repris contact avec les Petites Sœurs. Elle venait leur annoncer une merveilleuse nouvelle : leur fils Georges

Aïni Boudarène, jeune musulmane de Kabylie, Algérie

allait devenir prêtre le 24 juin 1947, en la cathédrale d'Alger. Voilà ce qu'une simple aumône offerte avec cœur avait pu faire : elle venait de donner à l'Afrique du Nord son premier prêtre kabyle depuis l'époque de saint Augustin.

Vous avez été une mère pleine de bonté, non seulement envers les étrangers, mais aussi envers toutes vos sœurs. Et vous l'avez fait en gardant votre bonne humeur et votre gaieté.

Savoir conserver sa bonne humeur peut très bien être une suprême délicatesse de la charité dans l'accueil que l'on fait à autrui.

Ce n'est pas toujours facile, vous ne trouvez pas ?

C'est vrai, mais j'ai tellement souffert dans la vie que cela m'a rendue plus compatissante envers les autres, surtout envers mes sœurs. Et puis, il me suffisait de m'intéresser à ce qu'elles vivaient. Je restais aussi une mère pleine de délicatesse pour celles qui quittaient la communauté. Je leur fournissais un trousseau à leur départ, je leur procurais même un emploi pour leur subsistance, surtout si elles étaient orphelines. Mon bonheur était de leur faire plaisir. Nous aimer comme Jésus nous a aimés d'un amour pur et sincère, c'était un dur labeur qui requérait un apprentissage long et progressif.

On comprend que les gens vous considéraient comme une sainte. L'une de vos filles, sœur Marie-Anne Coutu, vous a rendu ce beau témoignage au procès de votre béatification :

Patiente, charitable toujours, elle répandait autour d'elle une paix, une confiance, qui prenait comme naturellement le caractère de la vénération. Faire du bien aux autres était pour elle un vrai plaisir. Elle savait donner le conseil propice à qui recourait à sa vaste expérience dans le gouvernement. Elle savait écouter avec sympathie, éclairer avec douceur, panser une blessure avec un sourire, parfois même, faire un petit cadeau. On ne l'entretenait jamais sans recevoir confort et espoir. Notre Mère avait une âme pacifique capable d'apaiser les soulèvements les plus pénibles. Elle voyait les choses qui devaient être redressées ou corrigées ; elle attendait le temps de voir si la chose était bien vraie avant d'agir. Quelle bonté pour nous !

Ce témoignage est très inspirant pour nous aujourd'hui, qui essayons d'aimer au quotidien avec nos faiblesses et nos limites.

J'aime mieux une personne faible avec du courage qu'une personne plus forte sans énergie. Un jour, une maman de Memramcook m'avait amené sa fillette de six ans, infirme du bras et de la jambe gauches. J'étais touchée, car elle portait mon nom. J'ai caressé la petite Marie-Léonie et lui ai dit que lorsqu'elle serait grande je viendrais la chercher et qu'elle prendrait soin de moi dans ma vieillesse. Les années ont passé. Reparaissant à Memramcook en 1902, à l'occasion du jubilé d'argent de l'institut, j'ai revu la petite fille, désormais âgée de vingt-cinq ans. Elle m'a fait part de son désir d'entrer chez les Petites Sœurs de la Sainte-Famille, en dépit de son infirmité. J'en ai parlé à Mgr LaRocque, qui était là lui aussi pour les fêtes du jubilé. La jeune femme est revenue à Sherbrooke avec nous. Ne pouvant participer au travail ordinaire des missions, elle a été ma secrétaire jusqu'à ma mort.

Vous-même aviez une santé fragile, vous pouviez comprendre celles qui voulaient entrer en communauté.

Le docteur Rioux, qui a été médecin de la communauté de Sherbrooke, m'a fait un jour cette remarque : « Ma Mère, vous vous préparez un hôpital, non un noviciat : vous acceptez des sujets qui n'ont pas de santé, et votre communauté en demande tant. Cette jeune sœur qui vient de mourir était atteinte de maladie de cœur depuis plus de dix ans. » Je lui ai répondu tout simplement : « Elle priera pour nous au ciel. »

Toujours ce regard de foi qui vous permet de donner un sens profond aux événements quotidiens...

Oui, et ce regard de foi se traduisait par la pureté d'intention. J'étais déterminée sur ce point : faire toutes choses pour le bon plaisir de Dieu avec une intention droite. Et je pouvais aussi être très ferme concernant la manière de vivre nos vœux de chasteté, de pauvreté et d'obéissance.

J'étais bonne, mais non « bonasse ». Je ne transigeais pas avec notre devoir de religieuse.

Par exemple ?

Le 11 novembre 1907, j'ai écrit cette lettre à l'une de mes filles :

Chère sœur... je vous avoue que cela me force de vous donner le nom de « chère sœur », lorsque vous me causez tant de trouble. À quoi pensez-vous donc, d'être si orgueilleuse et de vous croire maîtresse absolue à la buanderie ? Je vous donne pour pénitence d'aller, après la prière du soir, trouver votre bonne supérieure et de lui montrer cette lettre, lui promettant que vous serez obéissante et lui demandant de vous avertir de vos fautes, afin de vous corriger pour être admise aux vœux perpétuels. Il faut, pour cela, être douce et humble de cœur comme notre modèle et dire souvent : « Jésus doux et humble de cœur, rendez mon cœur semblable au vôtre. » Il va sans dire que vous ne serez plus à la tête de l'emploi, mais une humble et toute petite sœur. C'est ainsi que vous serez heureuse et aimée de toutes vos compagnes...

Quels conseils donniez-vous à vos sœurs, dans ce contexte du XIXe siècle qui était le vôtre ?

Tout dépendait des circonstances, mais je faisais toujours mes remarques avec bonté, en attendant le bon moment. Par exemple, pour la pauvreté, je voulais qu'on refuse le superflu et que l'on se contente du nécessaire, surtout pour imiter Jésus pauvre et par souci de partage avec les plus pauvres. Notre style de vie devait rester très simple, tout en étant détaché de l'argent. J'essayais de donner l'exemple. Je disais aux sœurs : « Appliquez-vous à pratiquer la pauvreté tous les jours avec plus de perfection, ne perdant jamais de vue que vous pouvez tout aussi bien ruiner une maison dans laquelle vous êtes appelées à rendre vos services matériels que vous pouvez la faire prospérer par une économie de tous les instants. Cette modération, vous ne devez jamais la perdre de vue dans toutes vos actions. »

En ce qui concernait la chasteté...

Mieux valait être prudentes avec les hommes. Je conseillais aux sœurs de ne pas recevoir seules un homme au parloir, à moins que ce soit quelqu'un de la famille. C'est ce que j'appelais « la règle de la compagne ». Mieux valait être deux. Je disais aussi qu'on pouvait être à l'aise avec les autres sans se permettre de familiarité, surtout pour éviter qu'on nous juge mal. Il ne fallait pas présumer de nos forces. Cela n'empêchait pas la franche gaieté de se manifester aux récréations, par exemple. Saint François de Sales disait qu'il n'y avait rien de plus triste qu'une triste religieuse. J'aimais à voir mes chères Petites Sœurs s'amuser à l'unisson. Il fait si bon de vivre en paix et dans la charité!

Et pour l'obéissance ?

C'est souvent le plus difficile, car cela demande une abnégation de soi et beaucoup d'humilité. Mais en obéissant, on ne se trompe pas, même si on a l'impression du contraire. C'est à Dieu qu'on obéit à travers les autorités. L'obéissance m'a fait voyager bien loin à la suite du Christ, lui qui n'a voulu faire que la volonté de son Père.

Ce qui ne vous empêchait pas d'admirer les beautés de la nature.

Bien sûr. À l'été 1902, j'ai fait un voyage à Toronto et, de là, à Niagara. Seulement 11,80 $ pour ce long et joli trajet. J'ai pu voir les belles chutes.

Vous en avez parcouru des kilomètres au Canada et aux États-Unis, à cheval et en train !

Oh oui ! pour être présente à mes filles, pour partager leurs joies et leurs peines, les écouter et leur adresser un mot d'encouragement. Je profitais de ces déplacements pour écrire des lettres. Tout cela me faisait voir l'importance de l'obéissance, malgré la grande fatigue que ces voyages entraînaient. Il ne peut pas y avoir de vie communautaire et de sainteté sans cette liberté intérieure que donne l'obéissance.

Et cela devait se vivre dans la bonté.

En commençant par les supérieures, à qui je demandais souvent d'être bonnes, de ne pas décourager les plus faibles, encore moins de les traiter comme des esclaves. Je voulais qu'elles soient d'abord des mères compatissantes. Il suffit parfois de si peu pour soulager un cœur endolori. On arrive à tout avec la douceur.

Vous auriez pu écrire ce texte de saint Paul : « Avec vous nous avons été pleins de douceur, comme une mère qui entoure de soins ses nourrissons. Ayant pour vous une telle affection, nous voudrions vous donner non seulement l'Évangile de Dieu, mais tout ce que nous sommes, car vous nous êtes devenus chers » (1 *Thessaloniciens* 2, 7-8).

Je veillais surtout à ce qu'on n'impose pas des tâches trop lourdes à mes filles. Je m'inspirais vraiment de Jésus qui avait dit un jour : « Venez à moi, vous tous qui peinez sous le poids du fardeau, et moi je vous procurerai le repos. Prenez sur vous mon joug, devenez mes disciples, car je suis doux et humble de cœur, et vous trouverez le repos » (*Matthieu* 11, 28-30).

C'est vraiment en son nom que vous agissiez.

Si j'ai tant voulu être pauvre, chaste et obéissante, c'était pour suivre Jésus pauvre, chaste et obéissant, bref, pour mieux vivre l'Évangile et aimer mes sœurs.

C'est le grand commandement de Jésus : « Aimez-vous les uns les autres comme je vous ai aimés » (*Jean* 15, 12).

Et pour moi, cela voulait dire : éviter les critiques, les murmures, les paroles choquantes, les disputes, les contestations, la jalousie, les brusqueries et les bouderies, bref, ne pas faire de peine et ne blesser personne.

C'est d'un grand réalisme spirituel !

Je rappelais à mes sœurs que nous avions toutes des défauts, il nous fallait donc être indulgentes entre nous. Si une sœur manquait à tel règlement, le lendemain, qui sait, ce pouvait être l'une de nous. Ce réalisme demandait une attitude fondamentale, une vertu que j'ai mise bien haut dans ma vie : l'humilité.

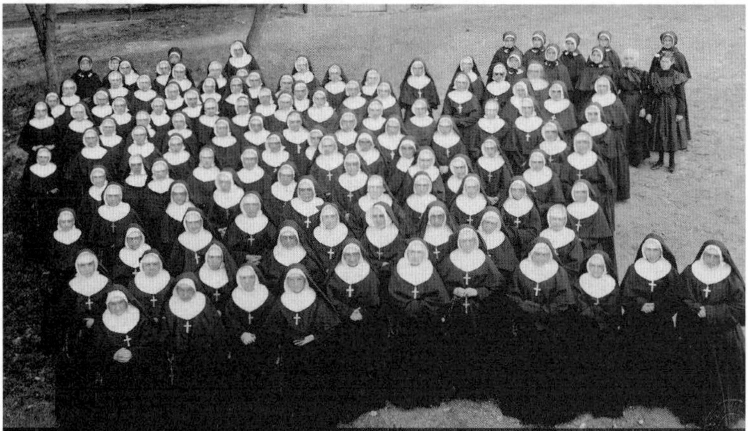

Sœurs orphelines après le décès de Mère Marie-Léonie (1912)

Les chemins de l'humilité

Jean-Paul II vous a proclamée bienheureuse le 11 septembre 1984, au parc Jarry, à Montréal : c'était la première béatification qui avait lieu en Amérique. Au cours de son homélie, le Pape vous alors appelée « humble parmi les humbles ». Cette attitude d'humilité, souvent mal comprise de nos jours, vous définit totalement. Elle a été le socle sur lequel s'est érigé tout votre édifice spirituel.

Je disais souvent à mes filles : « Ayez l'esprit de simplicité et d'humilité. Travaillez sérieusement tous les jours à devenir de plus en plus humbles. Soyez humbles, sans aucune prétention, aimant à vous oublier et à faire plaisir aux autres, et vous serez toujours heureuses. Une religieuse humble est assurée du bonheur. »

Pourquoi ?

Parce que l'humilité est le principe de tout bien, comme l'orgueil est l'origine de tout mal. Et une congrégation fleurira ou tombera, selon que les membres seront humbles ou orgueilleux aux yeux de Dieu. J'invitais les sœurs à travailler avec humilité et à agir avec simplicité, en union avec Jésus, Marie et Joseph.

Saint Thomas d'Aquin écrivait : « On a l'humilité véritable quand on n'attend rien de ses propres forces, mais qu'on espère tout de la grâce divine. »

C'est absolument vrai. Dieu nous demande de faire le premier pas, mais il faut reconnaître qu'il fait le reste. Il ne nous demande que notre bonne volonté, qu'une intention droite. L'humilité a toujours été exaltée par Notre Seigneur lui-même. On ne s'approche du bon Dieu qu'en s'abaissant. Je disais aux sœurs : « Habituez-vous à recevoir les humiliations joyeusement et ne laissez rien paraître, de manière à édifier celles qui vous entourent. »

Jésus est encore ici votre modèle.

En effet, je pense que Dieu lui-même est l'humilité, lui qui s'est abaissé jusqu'à nous. Jésus était tout petit dans la crèche pour nous apprendre que les humbles et les petits ont ses grâces de prédilection. Je recommandais aux sœurs de faire des efforts constants pour bien remplir leurs devoirs et pratiquer surtout les grandes vertus si agréables au cœur de Jésus, comme la charité, l'humilité, sans lesquelles il n'y a pas de bonheur possible sur terre.

Pour vous, humilité rimait avec simplicité.

Tout était simple chez moi : le vêtement, le style de vie, le langage, l'ouverture du cœur, la joie. Une religieuse humble peut se dire : « Dieu le veut ; donc c'est mieux, c'est pour mon bien, j'en suis contente. » J'ai vu plusieurs fois que Dieu se plaisait à favoriser de ses faveurs de prédilection les âmes simples, humbles et obéissantes.

L'humilité est aussi fille de la douceur.

La douceur est le fruit de l'humilité, elle répand sur tout l'extérieur un charme ravissant. Elle inspire confiance et affection lorsqu'elle est accompagnée de la plus douce cordialité. Elle contrôle un caractère impétueux, fait supporter les injures avec patience, corrige les airs suffisants et hautains. Je formais mes sœurs à cette grande vertu de l'humilité, sans aucune prétention. Je me disais : « Tant qu'elles seront humbles, simples, petites, Dieu les bénira, mais du moment qu'elles commenceront à se croire quelque chose, Dieu retirera ses grâces et tout ira de travers. »

On a dit que vous étiez un abîme d'humilité. Vous aimiez tellement cette vertu que vous estimiez qu'elle était vraiment faite pour vous qui désiriez avoir la dernière place.

Je ne me prenais pas pour une autre. Lorsque le père Sorin m'a nommée supérieure à Memramcook, ma première réaction a été de lui écrire, le 14 août 1874, qu'avec mon désordre je ne me croyais guère apte à prendre en charge la communauté et que sœur François-de-Sales, qui rêvait de quitter Sainte-Marie, serait mieux placée que moi. Je ne désirais pas vraiment ce poste. J'étais seulement venue par obéissance.

Au fond, vous étiez une femme très simple.

J'aimais partager mes peines et mes joies, sans prétention aucune. L'humilité me rapprochait des autres. Elle m'aidait à reconnaître mes qualités et à voir aussi mes défauts, à supporter avec douceur mes imperfections sans me décourager.

« L'humilité, c'est la vérité », disait Thérèse d'Avila. Vérité et humilité sont parmi les derniers mots que Thérèse de Lisieux a prononcés avant son entrée dans la vie, le 30 septembre 1897 : « Oui, il me semble que je n'ai cherché que la vérité ; oui, j'ai compris l'humilité du cœur. »

Cette humilité est une simplicité dans le regard qui nous permet de tout accueillir comme une grâce. C'est être soi-même avec les grands comme avec les petits et leur demander de prier pour nous.

Et accepter les conseils des autres ?

Même des novices. Elles avaient de bonnes idées, elles aussi. J'ai toujours su accepter les conseils des autres. Je priais et je consultais abondamment avant de prendre des décisions importantes. Je ne me fiais pas seulement à mes vues personnelles. Et lorsque le succès arrivait, je ne m'en attribuais pas le mérite.

Comment preniez-vous les louanges et les félicitations ?

Cela me laissait indifférente, car tout bien venait de Dieu. Et puis, je me savais faible, petite et misérable. En 1908, lors d'un voyage chez mes sœurs de la Californie, j'ai assisté à la conférence hebdomadaire de l'aumônier de la communauté qui, par déférence sans doute, n'a pas cessé de s'incliner devant moi en m'appelant à tout moment « Révérendissime Mère fondatrice ». Cela m'a laissée toute confuse, et il m'a fait perdre tout son sermon.

Vous aviez d'ailleurs une maxime qui vous était chère et que vous aviez suspendue au mur de votre chambre...

Qu'on me loue, qu'on me blâme, je me mets au-dessus de tout; je ne veux penser qu'à mon âme!

Est-ce qu'on vous a fait des reproches?

Naturellement! Loin d'être impeccable, je sentais le poids de mes misères et je n'étais pas surprise quand on se plaignait de moi. Quand les reproches étaient mérités, je reconnaissais mes erreurs et je m'en excusais. Par exemple, en quittant Memramcook, j'avais promis à la communauté de leur écrire une lettre chaque semaine. Les sœurs me le reprochaient avec raison quand je n'avais pas le temps de l'écrire, alors je leur demandais pardon.

Vous n'étiez pas parfaite.

Non. Je vous donne un autre exemple. En 1896, j'avais douté de la bonne foi de Mgr LaRocque, parce que le séminaire de Sherbrooke m'avait fait signer un contrat que je trouvais abusif à l'égard de mes sœurs. Piqué au vif, il m'avait répondu en me disant toute sa peine devant ce soupçon de méfiance de ma part, lui qui ne voulait que du bien pour notre communauté. J'ai reconnu mes torts et je lui ai présenté toutes mes excuses.

Que faisiez-vous quand les reproches que l'on vous adressait n'étaient pas mérités ?

Eh bien ! je me taisais et je supportais tout dans la foi et l'humilité. Je sentais que le bon Dieu était satisfait de notre institut, cela me réjouissait l'âme. J'ai souvent reçu des reproches non mérités de Mgr LaRocque, devant toute la communauté, et aussi des prêtres du séminaire. Cela m'éprouvait beaucoup, mais cela me rapprochait davantage de Jésus humilié et crucifié. Il avait souffert bien plus que moi, et lui ne l'avait pas mérité.

De toute façon, vous agissiez toujours par obéissance.

C'est vrai. L'humilité s'acquiert par les humiliations pour un but supérieur. Je vous donne un autre exemple. J'ai passé les quinze dernières années de ma vie avec une assistante qui était très dévouée, mais qui était particulièrement envahissante et autoritaire. En sa qualité de pionnière, elle se donnait tous les droits, affirmant parfois le contraire de ce que j'avais demandé à telle sœur. Je ne disais pas un mot, pour sauvegarder l'unité dans la communauté. Alors je me réfugiais en Dieu.

Vous n'aviez rien à vous reprocher.

J'étais dans la paix, parce que j'avais le sentiment que je plaisais au bon Dieu. Rappelez-vous lorsqu'on nous a obligées, à Montréal, à quitter notre costume religieux sous prétexte que nous n'étions pas de vraies sœurs. Rappelez-vous aussi les froideurs de Mgr Sweeney, qui refusait de nous reconnaître officiellement. Même à notre arrivée à Sherbrooke, on s'est moqué de l'accent acadien des premières sœurs, de leur pauvre costume ou du service domestique que nous rendions aux prêtres.

Vous n'étiez pas comprises ?

Pas toujours. Certains pensaient que j'avais fondé une association de servantes, mais c'était bien une association de religieuses qui pouvaient aider à bâtir le Royaume de Dieu, par l'amour que nous mettions au service des prêtres. On nous prenait parfois de haut dans certains milieux, y compris dans des communautés religieuses. On se moquait de nous en nous qualifiant péjorativement de « servantes » ou de « sœurs à torchons ».

Comment réagissiez-vous à de tels propos ?

C'était très blessant, mais je réagissais toujours de la même manière, dans un esprit de foi et de douceur. Je disais que ces communautés n'étaient pas forcées de nous reconnaître pour religieuses. Peu importe ce que le monde pensait de nous autres, l'essentiel, c'était de plaire au bon Dieu. « Soyons contentes de souffrir cette humiliation, et ne montrez jamais de mécontentement envers ces sœurs. » Je rappelais à mes filles que nous étions des servantes, comme la Vierge Marie, et que c'était le Seigneur lui-même que nous servions dans ses prêtres. Marie elle-même s'était proclamée « servante du Seigneur », alors c'était notre plus beau titre de noblesse.

Je leur disais aussi : « Laissez, laissez dire tout ce que l'on voudra ; il n'en arrivera que ce que le bon Dieu voudra. Et, bien souvent, c'est au moment où nous croyons notre cause désespérée qu'elle tourne à notre plus grand bien. »

Vous donniez vous-même l'exemple.

Oui, en recherchant les travaux les plus humbles : peler les patates, servir la soupe aux tables, desservir les tables, laver les plats et les ustensiles, corder du bois dans la cave. Je répétais souvent à mes sœurs de bien faire leur travail sous le regard de Dieu et de garder leur âme dans la paix quand des reproches leur étaient adressés. Pas besoin de remuer ciel et terre pour trouver des excuses, il suffit de répondre que nous tenterons de faire mieux la prochaine fois. Cela aide à faire mourir toute susceptibilité, source de tant de chagrins.

L'épreuve fait grandir quand elle est bien acceptée.

Toute bonne communauté passe par l'épreuve, surtout en ses débuts. Elle grandit à l'ombre de la croix. On traverse bien les tempêtes de la vie si on comprend la grandeur de l'humilité et de la confiance. L'épreuve impose une forme de renoncement qui nous détache des illusions, surtout quand on pense que tout va bien. La vie sur terre est semée de renoncements.

Comment vivre le renoncement qu'apporte l'épreuve ? On veut tellement être apprécié et reconnu...

En l'acceptant généreusement, le renoncement se supporte plus facilement. On le vit aussi en prenant l'exemple de Jésus, qui a gardé le silence durant sa Passion et qui est venu au milieu de nous comme celui qui sert. Il s'agit de ne rien laisser voir, le temps fait le reste. Les épreuves et les railleries nous détachent de la terre et nous font penser plus à Dieu. Si nous n'en avions aucune, nous oublierions le bon Jésus qui a tant souffert et est mort sur la croix. Moins on les choisit, plus les croix ont de poids dans la balance de Dieu.

Ces croix vous ont fait du bien ?

Dans la foi, oui. Elles m'ont fait sentir le néant des choses de ce monde en me montrant que c'est en Dieu seul que se trouve le vrai bonheur. C'est en m'abîmant dans le doux cœur de Jésus que j'ai trouvé force et lumière.

Tout venait de lui ?

Le bon Dieu me conduisait presque par la main. Les circonstances m'ont amenée en quelque sorte, sans que je m'en rende bien compte, à la fondation de cette communauté des Petites Sœurs de la Sainte-Famille, qui était appelée, je l'espère, à faire du bien dans la sainte Église. Je n'étais que l'instrument de Dieu dans cette œuvre. Je ne pourrai jamais assez le remercier pour les grandes grâces qu'il a accordées à notre petite communauté.

En octobre 1900, vous avez demandé à faire votre retraite au monastère du Précieux-Sang de Sherbrooke. Les moniales ont accepté avec joie. Vingt-cinq ans plus tard, l'une d'entre elles rapportera à la supérieure générale des Petites Sœurs de la Sainte-Famille l'épisode suivant, qui montre bien à quel degré d'humilité vous viviez :

Le séjour de votre bien-aimée Mère chez nous a laissé un souvenir d'édification qui garde encore tout son parfum après plus de vingt-cinq ans. La vénérée retraitante passait ses journées en adoration au pied du tabernacle et y prolongeait ses veilles tard dans la nuit, ce qui ne l'empêchait pas d'assister ensuite à l'office des matines. Au réfectoire commun, où elle avait voulu prendre place, elle était un modèle presque inimitable de mortification et de pénitence. Elle jeûnait chaque matin au pain et à l'eau, ne prenant le midi qu'un peu de soupe et de légumes. Ce régime sévère dura près d'une semaine. Le soir qui précéda son départ, elle sollicita la faveur de dire sa coulpe en présence de la communauté réunie au réfectoire. Elle y mit tant de supplications et d'insistance que notre mère Sainte-Ursule fut contrainte de se rendre à son désir. Agenouillée au milieu de l'appartement, la pieuse retraitante s'accusa comme une simple novice, ou plutôt comme une sainte, car jamais novice n'eut assez de vertu pour s'humilier ainsi. Elle demanda pardon de la mauvaise édification qu'elle avait donnée durant ces cinq jours passés au milieu de nous. Elle déplora son manque absolu de savoir-vivre, son peu de réserve religieuse, se reprocha l'abus qu'elle avait fait des grâces précieuses de sa retraite, suppliant la communauté de la recommander charitablement aux miséricordes du Seigneur. Elle termina ses aveux en demandant une pénitence proportionnée à ses infidélités. Les sœurs étaient toutes saisies d'une émotion respectueuse. Notre mère Sainte-Ursule pleurait silencieusement. Quand elle prit la parole, ce fut pour dire à l'humble prosternée : « Ma Mère, comme pénitence, je vous impose l'obligation de prier pour nous, qui sommes une bande d'orgueilleuses. » Puis elle alla relever mère Léonie, et toutes deux s'embrassèrent fraternellement.

Votre humilité, mère Marie-Léonie, a interpelé bien du monde. Terminons par ce commentaire du futur cardinal Paul Marella : « Une religieuse ayant assez d'humilité pour fonder une communauté dans la simplicité et l'oubli des grandeurs, uniquement pour servir le clergé, ne recevant qu'une faible rémunération, ne peut être qu'une sainte. »

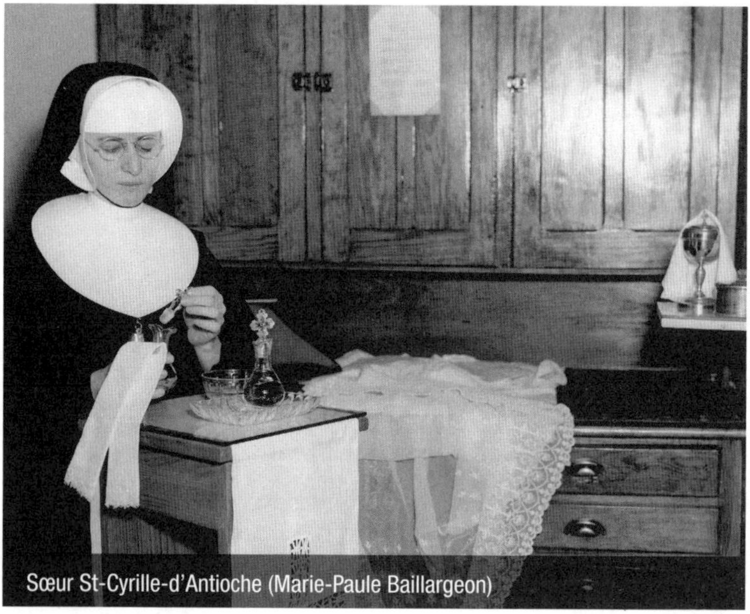
Sœur St-Cyrille-d'Antioche (Marie-Paule Baillargeon)

Les chemins de la prière

Mère Marie-Léonie, on a vu comment votre foi, votre bonté et votre humilité étaient profondes. Vous n'avez pas enseigné de théories originales ni fondé une nouvelle école de vie spirituelle, mais vous avez bien intégré, comme religieuse de Sainte-Croix, la spiritualité de votre temps. Vous l'avez intériorisée en centrant tout sur Jésus et sur l'Évangile, à l'exemple du père Basile Moreau. Vous avez voulu vous mettre à l'école de Jésus-Christ en l'écoutant, en le contemplant, en le priant, pour mieux vous laisser transformer en lui. Connaître Jésus et l'aimer, tel était votre désir. Le lieu par excellence de cette connaissance amoureuse de Dieu n'est-il pas la prière?

Par la prière, je goûtais jusqu'où Dieu était bon pour moi et ma communauté. En me recueillant en Jésus, j'assimilais sa vie au point d'être transformée en lui. Je méditais ses mystères dans le silence de la prière, j'entrais dans ses sentiments, je me remplissais de ses exemples. Je lui demandais des lumières pour mieux le comprendre et le goûter. Je lui rendais grâce pour sa présence dans ma vie et dans celle de mes sœurs.

Encore ici, c'est Jésus que vous aviez pour modèle.

Il était souvent l'objet de ma prière. Une petite élévation du cœur vers Jésus suffisait, alors le calme et la sérénité renaissaient dans mon cœur. Je demandais cet amour de Jésus pour mes sœurs.

Pour vous, il était le premier servi et le seul aimé.

J'ai écrit ces résolutions lors d'une retraite :

Je vous consacre mes pensées, mes paroles, mes actions, je ne veux plus vivre que pour vous étudier et vous imiter, ô bon Jésus ! Plusieurs fois par jour, mais surtout à mon examen et à ma méditation, le pinceau à la main, je confronterai mes actions avec celles de mon divin modèle et je ferai en sorte que chaque coup de pinceau laisse en mon âme une ressemblance plus parfaite à Jésus-Christ, mon divin modèle. Que je devienne un autre Jésus-Christ : par de saintes et ferventes communions suivies d'une union intime de pensées, de paroles et d'actions, avec mon doux Sauveur ; par ma volonté réelle, forte et énergique, de faire à chaque instant la volonté de Dieu, par l'exacte observance de ma règle dont je lirai tous les jours deux ou trois articles, afin de mieux me pénétrer de son esprit et ne jamais la perdre de vue. Tous les jours, je lirai à ma visite au Saint-Sacrement l'article que mon examen particulier m'aura fait connaître ma transgression. J'en demanderai pardon à Dieu, lui promettant de ne plus recommencer par une grande fidélité à toutes les prescriptions de mes supérieures.

On sent ici l'influence des exercices de saint Ignace de Loyola.

J'ai été formée à ces exercices, dont le but était d'arriver à une consécration totale à Jésus-Christ. Le temps d'oraison se faisait avec cette méthode très proche de l'Évangile, où l'on méditait la vie de Jésus.

Il y a aussi la tradition carmélitaine, plus contemplative, qui laisse plus de place au silence, moins aux images et aux pensées. L'oraison, appelée aussi prière contemplative, se vit dans une attention amoureuse à Dieu dans le silence du recueillement. On a redécouvert cette pratique plus contemplative de la prière dans ce que le moine bénédictin John Main appelle « la méditation chrétienne », et qui s'inspire plus de Jean de la Croix que d'Ignace de Loyola.

Ma prière n'était pas compliquée. Bien sûr, j'ai largement puisé dans l'héritage spirituel de la congrégation de Sainte-Croix, ainsi que dans les dévotions populaires de mon temps : Sainte Famille, chapelet, chemin de la croix, neuvaines. À la chapelle, mon recueillement était profond, plein de ferveur. Je m'agenouillais, les mains jointes, et il me semblait que je n'étais plus de la terre. Je me tenais en présence de Dieu, comme perdue en lui, souvent de longues heures. Je vous ai déjà parlé de mon attachement à l'eucharistie, qui remontait à ma première communion. Je passais de nombreuses heures au pied du tabernacle, dans un colloque intime avec mon

Seigneur. Le Saint-Sacrement était exposé chaque premier vendredi du mois.

Vous étiez vraiment une femme d'oraison.

Ma prière était confiante et persévérante. Je voulais vivre le « priez sans cesse » de Jésus. J'avais mon chapelet à la main dans les corridors et en voyage. Je me levais la nuit pour vivre un cœur à cœur avec Jésus à la chapelle. Je priais autant dans les corridors qu'à la chapelle. Et si l'une de mes filles avait une peine ou vivait des difficultés, je lui disais : « Allez à la chapelle, ma fille, et dites cela au bon Dieu ; il vous aidera à porter votre croix. »

Vous insistiez aussi sur le silence.

Le silence donnait un climat de prière à nos maisons, une quiétude de l'âme qui faisait que l'on sentait Dieu en soi. Le silence et la solitude favorisaient l'esprit de recueillement, l'union à Dieu. Je recherchais le silence pour vivre continuellement dans la présence de Dieu. Un jour, je suis arrivée par surprise à notre mission de Farnham. C'était pendant la période de la journée consacrée au silence et, pour ne pas y manquer, les sœurs m'ont dit bonjour « tout bas ». J'en ai éprouvé une vive satisfaction. C'est si beau, le silence ! Un autre jour, alors que j'étais malade dans une mission de Montréal où je me trouvais, je passais et repassais dans la salle de travail où le silence n'était rompu que par la récitation des prières qu'on faisait en travaillant. Les sœurs m'ont fait remarquer que je ne prenais pas assez de repos. Je leur ai dit : « J'aime venir respirer le parfum de vos *Ave Maria.* »

Saint Jean de la Croix affirmait que le silence est le parler de Dieu. De son côté, la bienheureuse Marie de l'Incarnation disait que le silence est un langage sacré dans lequel on goûte l'amour de Dieu.

Je m'habituais à voir Dieu partout et à lui parler spontanément, afin que ma prière et mon travail soient toujours accomplis en sa présence, dans le silence. Quand les sœurs marchaient avec moi, on en disait des prières et des chapelets! La pratique du silence et de la prière nous disposait à être plus charitables.

Vous pouviez guider les autres vers Dieu parce que vous en viviez, toujours avec un sens pratique, le gros bon sens, comme on disait.

Ce n'est pas parce qu'on priait que toutes nos imperfections disparaissaient. Le bon Dieu ne nous demandait pas de nous corriger tout d'un coup. Il se contentait de notre bonne volonté et des efforts renouvelés que nous faisions tous les jours. Cela commençait le matin à la sainte messe, par une prière à Jésus pour lui demander son secours.

Votre prière était continuelle, c'est-à-dire que vous ne perdiez pas le contact avec Dieu, vous laissant toucher par lui dans l'intimité du cœur.

Je transformais toutes mes activités en prières, ainsi je priais sans cesse avec tout mon être. Je faisais chaque action en pensant que Dieu était présent et que c'était pour lui que je travaillais. J'allais à Dieu comme j'allais vers quelqu'un que j'aimais. Je lui parlais dans ma prière comme je parlais à un ami. Je l'écoutais dans le silence de l'âme. Tout était si simple ! Je recommandais à mes filles : « Quand vous priez le bon Dieu, faites-le aussi simplement que si vous demandiez à votre père ou à votre mère ce dont vous avez besoin. »

Étiez-vous certaine d'être exaucée ?

Bien sûr que oui, mais pas à notre manière ni à notre heure. Les pensées de Dieu ne sont pas les nôtres, lui seul sait ce qui est bon pour nous et notre salut. Il exauce toujours nos prières, en son temps à lui. Ma mère le savait bien, elle qui, lorsque j'étais toute petite, me faisait prier pour qu'elle retrouve un objet perdu. Je savais que Dieu n'était pas sourd à ma prière. C'est ma foi confiante en son amour qui me guidait. Que de missions j'ai ouvertes, malgré le petit nombre de sujets disponibles ! Dans ces circonstances, je disais : « Dieu y pourvoira. » Si la prière du pauvre, qui se trouvait dans le besoin, était toute-puissante sur le cœur de Notre Seigneur, quelle serait celle des pauvres Petites Sœurs de la Sainte-Famille ?

Votre prière découlait de votre foi et de votre perception de Dieu.

Ma prière était essentiellement trinitaire et filiale. Je me tenais comme une enfant devant son Père qui l'aime inconditionnellement. Ma prière était toujours remplie de confiance, d'abandon et d'amour pour mon Seigneur. Je m'adressais au Père et à Jésus avec mon cœur d'enfant ; je faisais de même quand je priais Marie, Joseph, Anne et les autres amis du ciel.

Vous aimiez beaucoup réciter le *Notre Père,* « comme si le Père avait les oreilles collées à votre bouche », disait le saint frère André.

J'invitais les sœurs à se jeter entre les bras du bon Dieu comme entre les bras du plus tendre des pères. Je leur demandais de réciter souvent le *Notre Père* pendant la journée, que ce soit en allant, en venant, en travaillant.

Un peu comme la devise traditionnelle de la vie bénédictine, *Ora* et *labora*, vous ne sépariez pas prière et travail.

Je ne séparais pas, surtout, prière et service. La devise des Petites Sœurs de la Sainte-Famille est « piété et dévouement ». Je leur disais : « Travaillons, mes chères filles, tandis que nous sommes sur la terre ; c'est ce que le bon Dieu nous demande. Nous n'aurons pas de plus belle prière à lui offrir que notre dévouement. » Nous avions toujours une intention particulière dans nos prières pour nos chères cuisinières qui devaient, jour après jour, préparer les repas. Elles avaient besoin d'une plus large dose de vertu et de patience, de tact, de dévouement, d'intelligence ; c'était si important ! Je désirais que nos cœurs soient des lampes vivantes qui éclairaient par la ferveur de nos prières.

On peut dire que la prière était au cœur de votre vie.

C'est dans la prière que je trouvais les lumières pour bien remplir tous mes emplois, ainsi que la force pour combattre mes défauts et surmonter les difficultés que je rencontrais en chemin. Je ne pensais qu'à ce que je faisais au moment présent, en m'appuyant pour l'avenir sur la providence de Dieu.

À une sœur qui s'interrogeait sur sa vocation, vous adressez une lettre où l'on sent la femme de prière, la grande amoureuse de Dieu et aussi la pédagogue. À travers les conseils que vous lui donnez, on voit la maîtresse de vie spirituelle qui l'entraîne à se lever pour aller à la rencontre du Bien-aimé, comme la fiancée du *Cantique des cantiques.* Voici des extraits de cette belle lettre qui me rappelle la fougue d'une Thérèse d'Avila :

Combien de fois vous ai-je vue vous lamenter, ne plus entendre la voix de ceux qui cherchaient à vous calmer, parce que, disiez-vous, c'est moi qui ai forcé le bon Dieu à m'abandonner. Eh bien ! Laissons ce passé, oubliez-le comme Dieu lui-même l'oublie et dites avec bonheur : j'ai trouvé celui que j'aime, je le tiens et ne le laisserai point aller. Ce n'est pas seulement dans le repos de la contemplation, dans une paix exempte de trouble que vous devez chercher Dieu ; c'est dans les rues et les places publiques. C'est au milieu du bruit de votre imagination, du désordre de vos pensées, des attaques de vos passions et de l'ennemi de votre salut. Il faut, pour trouver le bien-aimé de votre âme, vous élever au-dessus de tout cela ; il ne dépend pas de vous de n'avoir point de tentation, de n'être pas sujette à toutes peines de l'imagination, à tous les soulèvements de la nature ; votre âme est quelquefois semblable aux rues et places publiques d'une grande ville ; mais, lorsqu'on cherche un objet chéri, on ne pense qu'à lui, on entend le bruit mais on ne l'écoute pas, et c'est là la grande science de la vie spirituelle : aller en avant malgré ce qui se passe en nous et hors de nous, demandant sans cesse le bien-aimé, ne se lassant jamais quoiqu'on ne le trouve pas ; ne s'effrayant point de ce tumulte, de cette confusion de pensées qui, tour à tour, envahissent l'âme. Dieu ne change point, et c'est Lui que je veux ; l'unique nécessaire ; je l'ai compris, il s'agit maintenant de me lever. Oui, je me lèverai ; je parcourrai les rues de la ville, parce que rien ne me coûtera pour parvenir jusqu'à Lui. C'est Lui que je veux à tout prix, et fallut-il passer ma vie à la recherche de cet objet unique, la passer au milieu de ce bruit intérieur qui me fatigue. C'en est fait. Je me lève. Je cours. Je vole, je le cherche et suis sûre de le trouver enfin.

C'est une mystique de l'amour qui parle ici. On sent battre le sang de votre cœur d'amoureuse dans cette recherche de Dieu. Oui, laissons le passé où il est et allons en courant vers celui que le cœur aime, que ce soit à la chapelle ou dans les rues, pendant les distractions de l'oraison ou le bruit des passions. Allons en avant malgré tout, sans nous lasser à ne chercher que l'unique nécessaire, la perle de grand prix, dans le silence ou le bruit intérieur. Se lever, courir, voler, dans la joie de le trouver. On voit bien votre âme énergique.

C'était toujours ma grande foi qui me faisait lever et prier, marcher et aimer. Toute mon âme passait dans ma prière, qui était le cri de mon cœur, la respiration de ma foi. Rien ne pouvait altérer mon union intime avec

Dieu. J'étais tellement unie à lui que je ne vivais que pour lui, confiante dans son secours divin.

Cette confiance vous faisait beaucoup prier pour la conversion des pécheurs.

J'avais une âme missionnaire. Je demandais souvent aux sœurs de prier non seulement pour les prêtres, mais aussi pour la conversion des pécheurs. Il y en avait tant qui ne connaissaient pas le Seigneur! Je ne voulais pas qu'aucune âme ne se perde, surtout pour consoler le cœur de Jésus : « J'ai soif. » Je voulais ranimer les cœurs au feu de l'amour divin et réchauffer ainsi toute la terre. Je trouvais que le pauvre Jésus ne trouvait sur cette terre que des cœurs glacés par l'indifférence.

Jésus était venu allumer un feu sur la terre et ce feu brûlait en vous, surtout par votre prière de pauvre. Beaucoup vous prieront après votre mort et obtiendront des guérisons. Les témoignages ne manqueront pas, ni de nouvelles missions. Puis ce sera la béatification, en attendant la canonisation. Votre mission d'amour se poursuit ici et ailleurs, empruntant d'autres chemins, ceux de votre vie posthume, que je résumerai au prochain chapitre.

Nos entretiens se terminent ici, et je suis heureux que ce soit sur une note plus mystique, sur votre vie de prière. Merci, mère Marie-Léonie, pour votre présence, votre soutien et votre prière. Il me revient en mémoire cette louange que Jésus aurait pu dire au Père en pensant

à vous : « Je te bénis, Père, Seigneur du ciel et de la terre, d'avoir caché cela aux sages et aux intelligents et de l'avoir révélé aux tout-petits » (*Matthieu* 11, 25).

Les chemins de la vie posthume

La vie terrestre de mère Marie-Léonie s'acheva le 3 mai 1912, dans une grande réputation de sainteté. On juge l'arbre à ses fruits. La mission d'amour qu'elle avait entreprise de son vivant se poursuivrait après sa mort. Commença alors le rayonnement de sa vie posthume : guérisons, missions, béatification. En voici un résumé.

Les guérisons

Ayant toujours eu une santé fragile, mère Marie-Léonie était très sensible à la souffrance des autres. Elle manifesta une grande compassion pour les malades. On lui attribua même des guérisons de son vivant. C'est souvent par l'intercession de ses témoins que Dieu accomplit des merveilles. Voici quelques exemples.

Marie-Léonie était alors supérieure à Memramcook. Elle visita un garçon qu'on disait incurable. Le jeune lui demanda de prier pour sa guérison. Elle lui répondit : « Oui, mon petit, dès ce soir, je demanderai à la Sainte Famille de te guérir. » Dès le lendemain, le jeune prit du mieux et guérit complètement.

Sœur Saint-Arsène souffrait d'un cancer. Elle confia à mère Marie-Léonie, lors de son dernier passage à Valleyfield, sa crainte d'une troisième opération. Celle-ci lui répondit : « Non, non, je veux que vous guérissiez... Nous avons trop besoin de vous. Vous allez, tous les soirs, réciter un *Pater*, un *Ave* et *Gloria*, avec l'invocation : "Sainte Famille, priez pour nous." » Ce que fit la religieuse. Ses douleurs disparurent, elle reprit des forces et vécut encore trente ans.

Stanislas Gervais était un jeune prêtre gravement malade. La religieuse lui fit la même recommandation qu'à sœur Saint-Arsène : « Nous avons trop besoin de vous, vous ne mourrez pas. Priez bien la Sainte Famille. » Il pria, guérit et vécut jusqu'à l'âge de soixante-dix-huit ans.

Willie Gautreau était incapable de marcher sans aide. Marie-Léonie lui remit une médaille de Notre-Dame-des-Sept-Douleurs, lui demandant de faire une neuvaine et lui promettant d'unir sa prière à la sienne. Trois jours plus tard, il put se lever. Il ne ressentit plus de douleur à sa jambe, jusqu'à ses soixante-quinze ans.

Le cas de sœur Saint-Sébastien

Cette guérison bien documentée s'accomplit quelques jours seulement après la mort de mère Marie-Léonie. Jugée scientifiquement inexplicable, elle fut approuvée comme étant le miracle menant à la béatification de la servante de Dieu. Je m'inspire ici du récit qu'en fait l'abbé Gilles Mathieu dans son livre *Une mère « toute de cœur »*.

Sœur St-Sébastien (Euphémie LeBlanc)

Sœur Saint-Sébastien naquit à Grande-Anse, au Nouveau-Brunswick. Elle entra chez les Petites Sœurs de la Sainte-Famille en 1896, en pleine santé. Des troubles respiratoires commencèrent en juin 1908, alors qu'elle n'avait que trente-quatre ans. Elle était alors en service dans la maison des Pères Maristes de Brookland, près de Washington. On l'examina, la soigna, mais son état s'aggrava. On consulta alors un second médecin de Washington. Son premier diagnostic démontra que sœur Saint-Sébastien souffrait d'une pleurésie sèche au poumon gauche; mais suite à d'autres douleurs, il en vint à la conclusion qu'elle était atteinte de tuberculose au poumon gauche.

De retour au Canada en octobre 1908, sœur Saint-Sébastien fut prise en charge par le docteur Alfred Gadbois, le médecin de la maison-mère de Sherbrooke. Il l'examina et confirma le diagnostic du docteur américain. Comme elle toussait beaucoup et qu'elle avait maigri, on voulut lui redonner des forces en la transportant à Memramcook, espérant que l'air de son Acadie natale lui ferait du bien. Ce fut sans résultat; on la ramena donc à la maison-mère. Sa condition physique se dégrada d'année en année, à tel point que dans les mois de janvier et d'avril 1912, on crut qu'elle allait mourir. On lui donna alors l'extrême-onction, récitant même le 19 avril la prière des agonisants. Elle était incapable de s'alimenter; son corps n'avait l'apparence que d'un squelette. Mère Marie-Léonie, dans ses lettres du 7 février et du 1er mai 1912, confirma que sœur Saint-Sébastien était vraiment à la toute dernière extrémité.

Or, c'est sa mère fondatrice qui mourut le 3 mai 1912. Sœur Saint-Sébastien se tourna donc vers le ciel et, avec l'aide de compagnes, elle commença une neuvaine à mère Marie-Léonie, pour obtenir sa guérison. Quelques religieuses se réunirent ainsi dans la chambre, tous les jours de la neuvaine, pour réciter avec la malade quelques *Ave Maria*. Après chaque *Ave* on répétait l'invocation suivante : « Bonne mère fondatrice, guérissez notre sœur Saint-Sébastien. »

Durant cette neuvaine, sœur Saint-Sébastien eut un songe dans lequel mère Marie-Léonie lui disait qu'elle pourrait aller communier à la chapelle le dimanche suivant. Elle en parla à ses infirmières, qui demeurèrent sceptiques. Sœur Saint-Sébastien raconta elle-même l'événement le 29 mai 1933 :

J'avais commencé ma neuvaine le samedi 11 mai 1912. Le mercredi, dans l'après-midi, la sœur infirmière vint traiter les plaies de lit dont mon dos était couvert. Elle me dit que si j'étais pour être guérie le dimanche suivant, je devais commencer par demander à notre Mère Fondatrice de guérir mes plaies, car avec de telles plaies je ne serais pas capable de me lever le dimanche matin pour aller communier. Le soir du même jour, à l'heure de la bénédiction du Saint-Sacrement, j'ai demandé à notre mère fondatrice ceci : si vous êtes pour me guérir dimanche matin, guérissez d'abord mon dos pour que je puisse me lever dimanche matin [...] Jeudi matin, je me trouvai complètement soulagée des douleurs des plaies de mon dos.

Le jeudi matin, 16 mai 1912, l'infirmière constata que toutes les plaies avaient entièrement disparu du dos de sœur Saint-Sébastien. La tuberculose continuait tout de même son œuvre, et la condition physique de la pauvre sœur ne cessait de se détériorer. Le 18 mai, elle eut une syncope, et le docteur Gadbois affirma que son décès était imminent. On prépara même les vêtements pour sa sépulture. Elle s'en aperçut et fit remarquer en souriant qu'il manquait les souliers. Sœur Saint-Sébastien, qui avait répété durant toute la neuvaine : « Je vais guérir », continuait d'affirmer qu'elle allait se lever le lendemain matin pour aller communier. Elle fut complètement guérie durant la nuit. Elle affirma avoir vu sa fondatrice lui dire : « Vous guérirez, ma bonne fille, mais vous aurez beaucoup à souffrir. » Elle-même raconte :

> *À l'heure de la messe, je suis allée à la chapelle pour la communion qui était distribuée avant la messe. Je me suis mise à l'extrémité de la balustrade et j'ai reçu, à mon tour, la communion, restant à genoux tout le temps qu'il fallait au chapelain pour venir jusqu'à moi. Puis je suis allée dans le corridor qui est derrière la chapelle et j'ai écouté la sainte messe. Je suis allée, par la suite, me reposer jusqu'à l'heure du déjeuner; j'ai mangé des œufs, du pain et bu du café; je me suis sentie bien et j'aurais mangé davantage si on m'en avait donné. Ensuite, à midi, j'ai pris un bon repas. Depuis lors, j'ai joui d'une bonne santé.*

La mourante d'hier venait de vivre, dans cette nuit du 18 au 19 mai 1912, une guérison totale, imprévisible, parfaite, durable et inexplicable naturellement, reconnaîtront les spécialistes du Vatican. Ce miracle, qui impressionna grandement tous ceux et celles qui en furent témoins, fut retenu pour la béatification. On l'approuva unanimement lors de la réunion spéciale de la Congrégation pour la cause des saints, tenue à Rome le 29 novembre 1983.

Sœur Saint-Sébastien aura une vie active pendant vingt-cinq ans. Elle mourra en 1938 d'un cancer du sein. À cet exemple, on pourrait en ajouter d'autres, comme celui du petit Jean-Luc Morel, trois ans, qui ne se portait pas encore sur ses jambes. Déposé sur le tombeau de Marie-Léonie, il put, tout de suite après, marcher et courir.

Vers la canonisation

Comment l'Église reconnaît-elle la sainteté d'un baptisé? Il y a d'abord trois étapes à suivre : l'étape diocésaine, l'étape romaine, puis celle qui conduit à la canonisation proprement dite par le pape. Comme on l'a vu pour mère Marie-Léonie, les gens eux-mêmes manifestent un culte spontané envers un serviteur ou une servante de Dieu. L'évêque du diocèse où est décédé le candidat juge du bien-fondé d'une enquête pour montrer l'héroïcité de ses vertus. Cette enquête importante est faite par le « postulateur », qui envoie sa *positio* à la Congrégation pour la cause des saints, à Rome. On mène alors un « procès » sur les vertus chrétiennes de foi, d'espérance et de charité observées dans la vie du candidat ou de la candidate, ainsi que sur sa prudence, sa force, sa justice, sa tempérance, et sur les vertus annexes, comme le zèle apostolique, l'humilité, la franchise et la patience.

Après l'étude historique et théologique de sa vie, de ses œuvres et de ses écrits, l'Église peut proclamer le candidat ou la candidate vénérable. Dans le cas de mère Marie-Léonie, cela fut fait le 31 janvier 1981. Un miracle accompli par l'intercession du vénérable lui ouvre les portes à la béatification. Pour Marie-Léonie, ce fut le miracle de la guérison de sœur Saint-Sébastien, comme nous l'avons vu. Le processus menant à cette reconnaissance peut être plus ou moins long, mais pour la fondatrice des Petites Sœurs de la Sainte-Famille, il fut assez court. Une fois la béatification proclamée, le culte public rendu envers le bienheureux ou la bienheureuse peut avoir lieu, mais seulement dans son pays d'origine ou dans sa congrégation religieuse. Par sa béatification, mère Marie-Léonie était reconnue comme un modèle de vie évangélique et comme une personne qui pouvait intercéder auprès de Dieu.

Normalement, la date du culte rendu au témoin est fixée au jour de sa mort, jour de sa naissance au ciel. Marie-Léonie est décédée le 3 mai, fête des apôtres Philippe et Jacques ; l'Église la fête donc le lendemain, le 4 mai. L'antienne d'ouverture de la messe traduit bien son amour pour le Christ qui marcha sur nos chemins : « Vigilante

Sœur Thérèse Gendron, vice-postulatrice offrant le reliquaire de Mère Marie-Léonie au Pape Jean-Paul II au Parc Jarry, Montréal (11 septembre 1984)

et fidèle, la bienheureuse Marie-Léonie a gardé sa lampe allumée pour sortir à la rencontre du Christ, alléluia. »

L'Église a retenu le charisme de service de mère Marie-Léonie en choisissant cet extrait d'évangile pour sa fête liturgique : « Le plus grand d'entre vous doit prendre la place du plus jeune, et celui qui commande, la place de celui qui sert. Quel est en effet le plus grand : celui qui est à table, ou celui qui sert? Eh bien moi, je suis au milieu de vous comme celui qui sert » (*Luc* 1, 84).

Le charisme de la communauté de mère Léonie est de suivre le Christ serviteur en vivant avec lui et par lui le prophétisme du service. La vocation des Petites Sœurs consiste à incarner le Christ fidèle, qui fait toujours la volonté du Père, et à le manifester par leur vie donnée par amour. La première lecture de la messe du 4 mai ne dit pas autre chose : « Quel que soit votre travail, faites-le de bon cœur, pour le Seigneur, et non pour plaire à des hommes : vous savez bien qu'en retour le Seigneur fera de vous ses héritiers. Le maître, c'est le Christ ; vous êtes à son service » (*Colossiens* 3, 23-24).

À la cérémonie de béatification de mère Marie-Léonie, qui a eu lieu le 11 septembre 1984 au parc Jarry de Montréal, devant des milliers de personnes, Jean-Paul II a rappelé ce que fut cette humble religieuse :

> *Aujourd'hui, dans ce livre vivant des saints et des bienheureux de l'Église qui demeure depuis des siècles en terre canadienne s'ajoute un nom nouveau : sœur Marie-Léonie Paradis. Cette femme de chez vous, humble parmi les humbles, prend rang aujourd'hui parmi ceux que Dieu a élevés à la gloire, et je suis heureux qu'une telle béatification ait lieu pour la première fois au Canada, qui fut son pays [...]*
>
> *Sans jamais douter de son appel, elle a souvent demandé : « Seigneur, montre-moi tes chemins », pour savoir la forme concrète de son service dans l'Église. Elle a trouvé et proposé à ses filles spirituelles un engagement particulier : le service des maisons d'éducation, le service des séminaires, des maisons de prêtres. Elle ne craignait*

pas les diverses formes du travail manuel qui est le lot de tant de gens aujourd'hui, qui a été à l'honneur dans la Sainte Famille, dans la vie même de Jésus à Nazareth. C'est là qu'elle a vu la volonté de Dieu sur sa vie. C'est en accomplissant ces tâches qu'elle a trouvé Dieu. Avec les sacrifices inhérents à ce travail, mais offerts par amour, elle y a connu une joie et une paix profondes. Elle savait qu'elle rejoignait l'attitude foncière du Christ, « venu non pour être servi mais pour servir ». Elle était toute pénétrée de la grandeur de l'eucharistie et de la grandeur du sacerdoce au service de l'eucharistie : c'est l'un des secrets de ses motivations spirituelles.

Oui, Dieu a jeté les yeux sur la sainteté de son humble servante, Marie-Léonie, qui s'est inspirée de la disponibilité de Marie. Et désormais, sa Congrégation et l'Église la diront, d'âge en âge, bienheureuse.

La béatification permet la vénération des reliques de la bienheureuse. Les Petites Sœurs de la Sainte-Famille ont le privilège d'avoir un oratoire où est exposée la châsse-reliquaire de leur bienheureuse fondatrice. La châsse a été bénie le 8 décembre 1985 par Mgr Jean-Marie Fortier, archevêque de Sherbrooke. Les sœurs et les visiteurs viennent se recueillir et prier mère Marie-Léonie, afin qu'elle intercède en leur faveur auprès de Dieu pour des bienfaits spirituels et matériels, voire des miracles, comme en témoigne un grand livre déposé à l'oratoire et dans lequel les visiteurs peuvent écrire leurs demandes.

Oratoire de Bienheureuse Marie-Léonie, Maison générale, Sherbrooke (1985)

Le Centre Marie-Léonie Paradis reçoit de 15 à 20 lettres par jour de la part de personnes qui demandent des prières et font part des faveurs obtenues par l'intercession de mère Marie-Léonie. Lors du 25e anniversaire de la béatification, en 2009, la communauté a invité tous ses correspondants à s'inscrire aux Ami(e)s de mère Marie-Léonie Paradis. En janvier 2012, près de 600 personnes faisaient partie de ce regroupement.

Le 26 mai 2011, la congrégation a eu la joie d'accueillir un autre fils de Sainte-Croix, le reliquaire du saint frère André. Le jour de son décès, mère Marie-Léonie avait signé l'établissement d'un groupe de Petites Sœurs de la Sainte-Famille à l'Oratoire Saint-Joseph, qui était alors une petite chapelle. Le frère André était aussi venu de son vivant à la maison des Petites Sœurs de Sherbrooke.

Si le frère André est maintenant canonisé, mère Marie-Léonie devrait l'être un jour. Les Petites Sœurs estiment que cette reconnaissance approche. Pour qu'une canonisation soit décidée par Rome, un miracle survenu après la béatification doit être attribué à l'intercession de la bienheureuse et reconnu comme authentique. Le pape engage fortement son autorité en déclarant saint un bienheureux. Celui-ci est alors proclamé saint lors d'une célébration de canonisation, et son culte est rendu possible dans toute l'Église universelle.

Les missions

Après la mort de leur fondatrice, les Petites Sœurs de la Sainte-Famille continuèrent leur croissance. Elles devinrent la plus importante congrégation canadienne au service exclusif du clergé. À leur apogée, au milieu des années 1950, elles étaient présentes dans 71 maisons (presbytères, séminaires, collèges, évêchés, résidences de prêtres) de 40 villes et villages québécois. Elles dispenseront aussi leurs services dans six autres provinces canadiennes, dans neuf États américains, ainsi qu'au Brésil, au Chili, en Haïti, au Honduras, au Guatemala et en Italie. Les effectifs manqueront pour poursuivre toutes les missions, comme celles du Brésil, du Chili et d'Haïti.

Ces missions à l'extérieur du pays furent vraiment providentielles, car les vocations devinrent de plus en plus rares au Canada à partir de ce qu'on a appelé au

Sœur Rita Girouard, missionnaire au séminaire Saint-Pie X, Marília, Brésil (1963 – 1968)

Québec la « Révolution tranquille ». Mais vers 1960, l'Église catholique était en pleine expansion. Elle demanda à toutes les congrégations religieuses, même non missionnaires, et au clergé diocésain d'aller évangéliser en Amérique latine. Répondant au grand désir exprimé par le pape Jean XXIII, l'épiscopat canadien assuma, avec l'accord de l'archevêque de Tegucigalpa, au Honduras, la construction, la fondation et la direction du Grand Séminaire Notre-Dame de Suyapa, pour la formation du clergé d'Amérique centrale.

Après un temps de formation au Mexique, cinq prêtres de divers diocèses du Canada s'envolèrent vers le Honduras. En 1961, ils virent aux préparatifs de la construction de ce Grand Séminaire. Mgr Gérard Cambron, du diocèse de Sherbrooke, en fut le premier supérieur. Celui-ci requit les services des Petites Sœurs de la Sainte-Famille. Sœur Juliette Côté, supérieure générale, et son Conseil acceptèrent de seconder les prêtres dans ce travail d'évangélisation. Le site Web de la communauté présente le développement de cette mission en Amérique centrale [www.centremarie-leonieparadis.com/missions.php?l=fr].

À l'occasion des vacances dans leurs familles, les séminaristes firent connaître les Petites Sœurs dans leurs paroisses. Ainsi, les postulantes arrivèrent. Au tout début, les jeunes filles furent accueillies au couvent, près du

Religieuses professes et aspirantes, Honduras (2005)

Religieuses honduriennes, missionnaires au Guatemala lors de la visite de sœur Denise Pomerleau, supérieure générale (2005)

Grand Séminaire. Leur nombre augmentant, il fallut louer une autre maison. En 1973, la construction d'une maison centrale et d'un noviciat s'avéra nécessaire. À leur tour, les postulantes et les novices, éprises de l'idéal de mère Marie-Léonie, attirèrent d'autres jeunes pour soutenir le ministère des prêtres.

De 1962 à 2012, à la suite des 4 fondatrices, 16 autres religieuses canadiennes œuvrèrent pour l'Église du Honduras et du Guatemala. Au Grand Séminaire du Honduras, en 2012, 5 religieuses honduriennes, assistées de laïques, se dévouaient toujours pour les prêtres, les professeurs et près de 150 étudiants en théologie et philosophie.

Elles sont aussi présentes à l'Archevêché de Tegucigalpa et dans 4 presbytères de ce même diocèse. Dans le diocèse de Choluteca, les religieuses assurent des services à la résidence épiscopale depuis 1987, au presbytère de la cathédrale depuis 1988 et au Petit Séminaire Paul VI depuis 2010.

En 1990, des religieuses honduriennes sont devenues missionnaires au Guatemala. Actuellement, en Amérique centrale, 74 femmes marchent sur les traces de la bienheureuse Marie-Léonie : 40 professes à vœux perpétuels, 16 à vœux temporaires, 5 novices, 4 postulantes et 9 aspirantes. À partir des années 1990, les sœurs honduriennes occupent progressivement les principaux postes d'autorité.

À tour de rôle, les religieuses honduriennes, professes à vœux perpétuels, viennent au Canada pour connaître l'origine de la communauté, fraterniser avec tous les membres de l'institut ou encore participer à des événements communautaires, comme les célébrations des anniversaires de fondation de l'institut en 1980 et 2005, la béatification de mère Marie-Léonie en 1984 et les Chapitres généraux.

L'année 2012 marque le centenaire de la mort de mère Marie-Léonie. Celle-ci n'a pas fini de rayonner, à travers ses filles et ses amis. Du petit village de L'Acadie, au Québec, jusqu'en Amérique centrale et ailleurs, les chemins de mère Marie-Léonie ont croisé ceux de Dieu.

Sœur Bernadette Gosselin, cuisinière (1974)

Conclusion

À la fin de ce dialogue imaginaire avec Marie-Léonie Paradis, inspiré surtout de sa correspondance, qu'est-ce que nous retenons d'elle? Quelles sont les attitudes, qualités ou vertus que nous pouvons intégrer dans notre vie? Cette grande figure spirituelle de chez nous est-elle toujours actuelle?

Pour moi, mère Marie-Léonie est d'abord une femme de foi et de prière, qui a montré le visage miséricordieux d'un Dieu d'amour à une époque où celui-ci était plus craint qu'aimé. Cette femme de cœur s'est tellement identifiée à Jésus doux et humble qu'elle a été, comme lui, solidaire des plus petits et généreuse de son temps. Femme audacieuse, accessible, débrouillarde, déterminée, son humilité rimait avec simplicité et liberté. Femme de confiance et de compassion, elle était une source d'espérance pour ses sœurs et pour les personnes qui la rencontraient. Femme fidèle et engagée, elle remettait les gens debout en les accueillant tels qu'ils étaient. Aujourd'hui, elle nous rapproche encore de Dieu et elle intercède pour nous. Son témoignage de vie est criant de vérité. Comme l'écrivait si bien Paul VI dans son exhortation apostolique *L'évangélisation dans le monde moderne* : « L'homme contemporain écoute plus volontiers les témoins que les maîtres, ou s'il écoute les maîtres, c'est parce qu'ils sont des témoins » (*Evangelii nuntiandi*, nº 41).

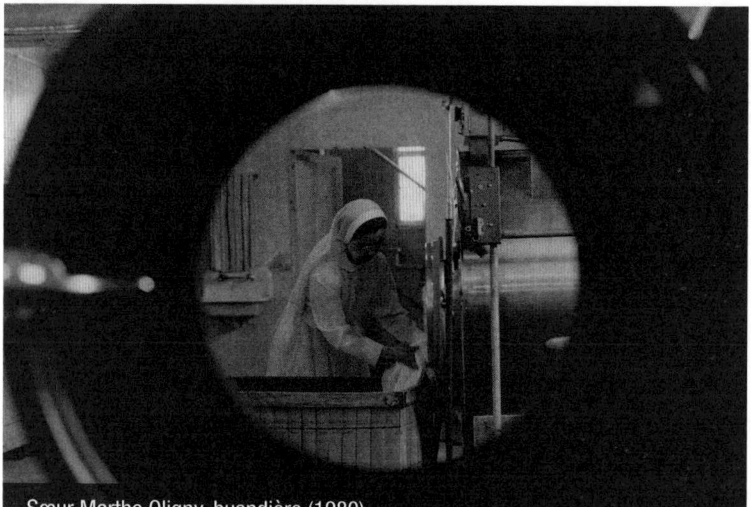

Sœur Marthe Oligny, buandière (1980)

« Piété et dévouement », telle est la devise de sa communauté. Ce programme résume toute la vie et la spiritualité de mère Marie-Léonie. Comment vivre l'amour sans la prière et le dévouement ? Prier pour les prêtres, contempler Jésus-Eucharistie, se former une âme sacerdotale en se laissant configurer au Christ serviteur, vivre le mystère de la Sainte Famille dans l'humble service de Nazareth, voilà ce que la fondatrice voulait pour sa famille religieuse. C'était son charisme, sa mission.

Certes, on ne peut pas reproduire matériellement cette même expérience aujourd'hui, tant la société et l'Église ont changé. Il régnait une grande pauvreté matérielle et intellectuelle dans la société canadienne du 19e siècle.

Les jeunes filles franchissaient rarement les limites de leur village. Et que dire des conditions de vie de la femme, qui étaient aux antipodes de ce qu'elles sont aujourd'hui ! Le contexte social de l'époque ne laissait pas une grande marge de manœuvre aux femmes, confinées à la sphère privée de la maison. La vocation religieuse pouvait représenter pour elles une voie d'affirmation de soi, hors du mariage, en donnant un sens à leur vie, au nom de Dieu et d'une mission dans le monde.

Mère Marie-Léonie est tributaire de son temps. Certaines de ses paroles nous « parlent » moins dans notre contexte socioculturel. Il faut les replacer en leur époque, qui était moins sensible que la nôtre à la cause des femmes, entre autres. Le piège de l'anachronisme nous guette toujours lorsqu'on évoque les figures du passé. Par exemple, la théologie d'aujourd'hui, issue du concile Vatican II, n'est pas celle du temps de mère Marie-Léonie, plus sensible à la Passion du Christ qu'à sa résurrection et à l'Esprit Saint. Cette expression de son temps, « le bon Dieu », revient toujours sur ses lèvres. Je faisais la même remarque lors de la canonisation de frère André. Les expressions populaires de la foi varient avec les époques, les dévotions changent selon les sensibilités, mais la réalité de la foi demeure : Dieu est amour et il nous aime. « Comme le bon Dieu est bon », disait souvent l'humble portier. De son côté, Marie-Léonie aimait répéter : « Tout pour votre amour, ô mon Dieu ! »

Nous n'avons pas à copier ce que Marie-Léonie et le frère André ont fait, mais nous pouvons imiter l'amour ardent qui les animait. Cet amour pour Dieu et le prochain peut nous inciter à aller de l'avant. Au fond, à l'instar des saints et des saintes, mère Marie-Léonie a partagé les mêmes combats et les mêmes préoccupations que nous, les mêmes espérances et les mêmes déceptions, la même aventure de la liberté et de la vérité. Elle a voulu aimer et elle a beaucoup aimé. Pour elle, rien n'était petit au service de Dieu. Ce désir d'aimer est toujours actuel, parce qu'il fait vivre. L'amour pour elle était synonyme de charité, de bonté, de don de soi. « Il n'y a pas de plus grand amour que de donner sa vie pour ses amis », disait Jésus. Marie-Léonie le rappelait à ses sœurs : « Il faut nous redire sans nous lasser que notre œuvre principale, c'est la charité. » Mère Teresa le disait elle aussi à sa manière.

Femme de foi, d'espérance et d'amour, mère Marie-Léonie nous invite à réaliser notre vocation profonde, ce pour quoi nous avons été créés : devenir pleinement humains, donc pleinement divins. Les chemins diffèrent, le moyen et le but restent le même : aimer. « N'aimons pas en mots ni en paroles, mais en actes et en vérité » (*1 Jean* 3, 18).

La conscience sociale de mère Marie-Léonie peut nous interpeller aujourd'hui, à une époque où nous nous indignons de plus en plus des écarts entre les riches et les pauvres. Elle économisait pour mieux aider les démunis, ne gaspillait pas mais recyclait, ne laissait personne dans le besoin lorsqu'on frappait à sa porte. Elle voyait en l'autre le Christ lui-même, parce qu'elle fréquentait Dieu comme si elle voyait l'invisible.

Jésus demeure le grand modèle de cet engagement envers les plus faibles. En nous révélant que Dieu est amour, qu'il est notre Père, il fonde la communion entre nous. L'Esprit d'amour nous aide à réaliser ce rêve que Dieu a pour l'humanité : que nous nous aimions les uns les autres comme le Christ nous a aimés.

Les Petites Sœurs de la Sainte-Famille nous montrent que nous sommes tous des fils et des filles du Père, des frères et des sœurs de Jésus, et que nous formons dans l'Esprit une même famille, celle des enfants de Dieu, celle des disciples de Jésus. Dieu est famille, l'Église est famille, nous sommes famille. Dans ce monde où

Sœurs Aurore Fournier et Gemma Couture
Presbytère Saint-Jean-Baptiste, Sherbrooke (1978)

règne trop souvent l'individualisme, nous avons besoin de redécouvrir cette fraternité et cette solidarité entre nous. Nous sommes tous membres d'un même corps, nous dit saint Paul en se référant au Christ.

En cet âge assoiffé d'intériorité et de silence, Marie-Léonie nous stimule aussi à prendre les chemins de la prière, à être présents à la Présence, dans une attention amoureuse au mystère. Comment donner l'eau vive de notre cœur si nous ne puisons pas à la source de la contemplation? Comment servir les autres si nous ne nous laissons pas laver les pieds par Jésus lui-même, présent dans l'eucharistie? S'il y a une page d'Évangile qui caractérise bien la vie de mère Marie-Léonie et de ses Petites Sœurs, c'est bien la scène du lavement des pieds. Jésus montre ainsi que l'Église n'est pas un pouvoir, mais un service.

« Après leur avoir lavé les pieds, il reprit son vêtement et se remit à table. Il leur dit alors : "Comprenez-vous ce que je viens de faire? Vous m'appelez 'Maître' et 'Seigneur', et vous avez raison, car vraiment je le suis. Si donc moi, le Seigneur et le Maître, je vous ai lavé les pieds, vous aussi vous devez vous laver les pieds les uns aux autres. C'est un exemple que je vous ai donné afin que vous fassiez, vous aussi, comme j'ai fait pour vous. Amen, amen, je vous le dis : le serviteur n'est pas plus grand que son maître, le messager n'est pas plus grand que celui qui l'envoie. Si vous savez cela, heureux êtes-vous, pourvu que vous le mettiez en pratique." » (*Jean* 13, 12-17).

Ne serait-ce pas cela, la sainteté à la manière de mère Marie-Léonie : laisser faire Jésus, vouloir ce que Dieu veut? « Laissez faire, priez bien fort, tout passe; Dieu seul nous reste », disait-elle. Cette sainteté dans l'ordinaire de la vie est à notre portée. Le concile Vatican II l'affirmait : « Nous sommes tous appelés à la sainteté », de par notre baptême. sainteté ne veut pas dire nécessairement canonisation, qui est une reconnaissance de l'Église. La sainteté est assise sur le seuil de nos maisons, à nous de l'accueillir.

La sainteté à la Marie-Léonie peut être vécue par tout le monde, puisqu'il n'y a rien d'extraordinaire et de décourageant dans sa vie, à l'exemple de la vie toute simple de Nazareth. C'est la petite voie de confiance de Thérèse de Lisieux. Marie-Léonie chante les mêmes notes que celles de la carmélite, qui prend l'ascenseur de l'amour que sont les bras de Jésus. Quelle belle mélodie! Se laisser porter par Dieu pour mieux lire sa portée dans notre vie. Une sainteté au quotidien, une sainteté des petits pas, une sainteté joyeuse, franche, humble, légère, libre : « Soyez heureuses en Dieu et pour Dieu, que toutes vos actions soient faites avec la plus grande pureté d'intention, disant souvent pendant la journée : "Tout pour vous, mon Dieu." »

Et que dire de sa mission pour les prêtres, qu'elle a comprise à partir de son sacerdoce baptismal? C'est là l'originalité de son expérience spirituelle. Marie-Léonie s'est reconnu une vocation semblable à celle de Marie et des autres femmes qui suivaient Jésus, en tant que disciples, et le servaient. Elle s'est associée aux prêtres, permettant à des femmes d'ici et d'ailleurs de devenir des collaboratrices de Dieu.

Le sacerdoce ministériel vit aujourd'hui une crise, aggravée par les récents scandales de pédophilie. Mère Marie-Léonie a perçu la grandeur du prêtre au-delà même des hommes faibles qui étaient ordonnés, car elle voyait le Christ en eux, le Christ parmi nous. Cette vision de foi peut réconforter le prêtre dans sa mission d'annoncer la Parole de Dieu avec ardeur, de rassembler le peuple pour une nouvelle évangélisation, de célébrer les sacrements du salut dans un esprit de prière.

Mère Marie-Léonie et les Petites Sœurs de la Sainte-Famille nous montrent que c'est au feu secret de notre amour et de notre vie que Dieu se révèle et nous fait signe. Là où resplendit la charité brûle le cœur de Dieu, et le nôtre aussi, comme au temps des disciples d'Emmaüs : « Notre cœur n'était-il pas brûlant en nous, tandis qu'il nous parlait sur la route, et qu'il nous faisait comprendre les Écritures » (*Luc* 24, 32) ?

Ce feu intérieur, je l'ai ressenti tout au long de ces entretiens. En empruntant les chemins de Marie-Léonie Paradis, qui sont les chemins de l'Évangile, j'ai croisé ceux du Christ. J'ai vu une fois de plus ce que l'Église offre de plus beau à l'humanité : la sainteté, l'expérience de la miséricorde.

Bibliographie

Archives du Centre Marie-Léonie Paradis, Sherbrooke, 2012.

CENTRE MARIE-LÉONIE PARADIS. *Chaque jour avec Marie-Léonie Paradis*, Sherbrooke, 2012.

CHAPITRE GÉNÉRAL. *Source de vie. Document spirituel*, 1975.

CIMICHELLA, ANDRÉ-M. *La bienheureuse Marie-Léonie Paradis*, Éducation chrétienne populaire, 1992.

COLLECTIF. *Mère Marie-Léonie 1840-1912. Béatification*, Fides, 1984.

GENDRON, Thérèse. *Léonie Paradis. Bande dessinée*, Sadifa, 1986.

GERVAIS, Jacques. *La spiritualité de mère Marie-Léonie*, Sherbrooke, 1992.

MATHIEU, Gilles. *Une mère « toute de cœur »*, Sherbrooke, 1997.

NADEAU, Eugène. *Mère Léonie, fondatrice des Petites Sœurs de la Sainte-Famille*, Fides, 1950.

NADEAU, Eugène. *Montre-moi tes chemins*, Éditions Mont-Sainte-Famille, 1980.

PERRAS, Gabriel-Marie. *Message de Mère Marie-Léonie Paradis*, Sherbrooke, 1953.

LES PETITES SŒURS DE LA SAINTE-FAMILLE. *Constitutions et règles*, 2009.

Site Web de la congrégation : www.centremarie-leonieparadis.com

Table des matières

Introduction 7
Les chemins de l'enfance 17
Les chemins de la jeunesse 27
Les chemins des États-Unis 35
Les chemins de Memramcook 45
Les chemins de l'épreuve 57
Les chemins de la croissance 67
Les chemins de la vie éternelle 81
Les chemins de la foi 95
Les chemins de la bonté 109
Les chemins de l'humilité 129
Les chemins de la prière 141
Les chemins de la vie posthume 153
Conclusion 171
Bibliographie 179
Du même auteur 181

Du même auteur

POÉSIE

L'oraison des saisons, Trois-Rivières, Éditions du Bien Public, 1978.

Dégel en noir et blanc, Trois-Rivières, Éditions du Bien Public, 1978.

À la rencontre de mai, Trois-Rivières, Éditions du Bien Public, 1979.

Les heures en feu, Montréal et Paris, Éditions Paulines et Apostolat des Éditions, 1981.

Au clair de l'œil, Trois-Rivières, Écrits des Forges, 1985 (Prix Marcel-Panneton 1984).

Icônes du Royaume, petit sanctoral, Montréal/Paris, Éditions du Levain, 1989.

La joie blessée, Trois-Rivières, Écrits des Forges, 1992.

Les lieux du cœur, Montréal, Éditions du Noroît, 1993.

Consentir au désir, Trois-Rivières, Écrits des Forges, 1994.

Marcheur d'une autre saison, Montréal/Chaillé-sous-les-Ormeaux, Noroît/Le Dé bleu, 1995.

Ce jour qui me précède, Montréal, Éditions du Noroît, 1997 (Prix de poésie de l'Alliance française d'Ottawa-Hull).

L'empreinte d'un visage, Montréal, Éditions du Noroît, 1999 (Prix Outaouais-Café Quatre Jeudis).

L'invisible chez-soi, Montréal, Éditions du Noroît, 2002.

Pêcher l'ombre, Haïkus, Ottawa, Éditions David/Le Sabord, 2002.

Haïkus aux quatre vents, Ottawa, Éditions David, 2004.

Chemins du retour, Ripon, Écrits des Hautes-Terres, 2006 (Prix Jacques-Poirier).

L'ensoleillé, Montréal, Éditions du Passage, 2008.

Au bord de la Blanche, Trois-Rivières, Écrits des Forges, 2010.

ESSAIS

Patrice de La Tour du Pin, quêteur du Dieu de joie, Paris/Montréal, Médiaspaul/Paulines, 1987.

La théopoésie de Patrice de La Tour du Pin, Montréal/Paris, Bellarmin/Cerf, 1989.

Les défis du jeune couple, Paris, Éditions Le Sarment-Fayard, 1991, 5e éd. (2008). Traduit en espagnol, italien, néerlandais et portugais.

Que cherchez-vous au soir tombant? Les hymnes de Patrice de La Tour du Pin, Paris/Montréal, Cerf/Médiaspaul, 1995.

Thérèse de l'Enfant-Jésus, docteur de l'Église, Sillery, Éditions Anne Sigier, 1997. Traduit en polonais.

L'expérience de Dieu avec Jean de la Croix, introduction et textes choisis, Montréal, Éditions Fides, 1998.

Prier 15 jours avec Patrice de La Tour du Pin, Paris, Éditions Nouvelle Cité, 1999.

Pèlerin en terre d'exil, Sillery, Éditions Anne Sigier, 1999.

La crise de la quarantaine, Paris, Éditions Le Sarment-Fayard, 1999, 5e éd. (2008). Traduit en italien et polonais.

L'expérience de Dieu avec Paul de Tarse, introduction et textes choisis, Montréal, Éditions Fides, 2000.

Entretiens avec Thérèse de Lisieux, Montréal/Paris, Éditions Novalis/Bayard, 2001. Traduit en anglais.

Thérèse de Lisieux, une espérance pour les familles, Nouan-le-Fuzelier, Éditions des Béatitudes, 2003, 2e éd. (2007). Traduit en polonais.

J'ai soif. De la petite Thérèse à Mère Teresa, Paris, Parole et Silence, 2003, 4e éd. (2009). Traduit en anglais, espagnol, japonais, italien, lituanien, polonais, portugais.

Les mots de l'Autre, Nouvelle édition, Montréal, Novalis, 2004.

Les saints, ces fous admirables, Montréal/Nouan-le-Fuzelier, Novalis/Béatitudes, 2005.

Prier : pourquoi et comment, Paris/Montréal, Presses de la Renaissance/Revue *Prier*/Novalis, 2006. Traduit en polonais et espagnol.

Du temps pour prier, Paris/Montréal, Presses de la Renaissance/ Revue *Prier*/Novalis, 2007. Traduit en espagnol et italien.

Notre cœur n'était-il pas brûlant, Paris/Montréal, Parole et Silence/ Bellarmin, 2007. Traduit en italien.

Prier avec son corps, Paris/Montréal, Presses de la Renaissance/ Revue *Prier*/Novalis, 2007. Traduit en espagnol et italien.

Prières de toutes les saisons, Montréal/Paris, Bellarmin/Parole et Silence, 2007.

Tous appelés à la sainteté, Montréal/Paris, Novalis/Parole et Silence, 2008.

L'Eucharistie, source de la prière chrétienne, Paris/Montréal, Presses de la Renaissance/Revue *Prier*/Novalis, 2008. Traduit en espagnol et italien.

Prier en couple et en famille, Paris, Presses de la Renaissance/ Revue *Prier*, 2008. Traduit en espagnol et italien.

Les défis de la soixantaine, Paris, Presses de la Renaissance, 2009. Traduit en italien et en espagnol.

Expérience de la prière, Paris, Parole et Silence, 2009.

Guide pratique de la prière chrétienne, Paris, Presses de la Renaissance, 2010. Traduit en espagnol, italien, polonais.

Dieu caché, Paris, Parole et Silence, 2010.

Frère André. La force tranquille, Mesnil Saint-Loup, Le Livre Ouvert, 2010.

Frère André, une pensée par jour, Montréal, Médiaspaul, 2011.

Saint Joseph, homme de foi, Montréal, Médiaspaul, 2012.

Saint Jean de la Croix, l'union avec Dieu, Mesnil Saint-Loup, Le Livre Ouvert, 2012.

Kateri Tekakwitha, Mesnil Saint-Loup, Le Livre Ouvert, 2012.

RÉCIT

Toi, l'amour. Thérèse de Lisieux, Sillery, Éditions Anne Sigier, 1997. Traduit en italien.

Le voyage de l'absente, Ripon, Écrits des Hautes-Terres, 1999.

Se purifier pour renaître. Carnet de jeûne chrétien, Paris, Presses de la Renaissance, 2004.

Fioretti de sainte Thérèse, Montréal, Novalis, 2005.

Thérèse de l'Enfant-Jésus au milieu des hommes, Paris, Parole et Silence, 2005.

Fraternelle souvenance, Récit d'un passage, Bellarmin, 2009.

ROMAN

Le secret d'Hildegonde, Hull, Éditions Vents d'Ouest, 2000, Paris, Éditions Le Sarment, 2001.

Vous pouvez communiquer avec l'auteur en consultant son site Web : jacquesgauthier.com